KEITH MOON & THE WHO

JIM McCARTHY
MARC OLIVENT

Traducción de **Laura Rosso Batiste**

Redbook

MA
NON
TROPPO

© 2016 Music Sales Limited t/a Omnibus Press
14--15 Berners Street
London, W1T 3LJ
Primera edición publicada por Omnibus Press en 2016
Esta edición ha sido traducida y publicada bajo acuerdo y consentimiento
de Omnibus Press a través de Robert Lecker Agency.
www.omnibuspress.com
Autor: Jim McCarthy
Ilustrador: Marc Olivent

© Redbook ediciones, 2019.
Compaginación de cubierta: Regina Richling
Traducción: Laura Rosso
Maquetación: Grafime

ISBN: 978-84-120812-0-6
Depósito legal: B-21.928-2019

Impreso por Sagrafic, Pasaje Carsi 6, 08025 Barcelona
Impreso en España - *Printed in Spain*

KEITH MOON & THE WHO

JIM McCARTHY
MARC OLIVENT

BATERÍAS y BEBIDA y ROCK'n'ROLL

Esta novela gráfica está inspirada y adaptada a partir del libro *Dear Boy: The Life of Keith Moon*, de Tony Fletcher, publicado inicialmente por Omnibus Press en 1998.

Leí por primera vez el libro de Tony hace unos diez años, después de que mi libro *Voices of Latin Rock* fuese publicado en Estados Unidos. Con un prólogo de Carlos Santana, era otra historia descontrolada de un éxito repentino seguido por tensiones dentro del grupo y los consiguientes problemas de drogas y alcohol, todo acompañado por un torrente de revolucionaria y extraordinaria música. Pronto me di cuenta de que el libro de Tony era una apasionante y profundamente documentada biografía, y me complació ver que iba más allá del tema del rock, así que disfruté el éxito en la crítica y unas ventas razonables. Por lo menos tres de los grandes temas de *Dear Boy* me impactaron con fuerza.

Desde que era joven me encantaban los baterías y tocar la batería, incluso yo tocaba un poco. Keith Moon era uno de los muchos baterías que causaron un gran impacto en la escena *beat* de Reino Unido en los años sesenta: entre ellos estaba Bev Bevan con sus redobles de golpe único como metralletas en los originarios Move; Keith Jones con sus ritmos frescos y sus redobles con golpe doble en las grabaciones de The Small Faces, especialmente su *snare* en cascada y su *tom* en «Tin Sol-

dier», una mini obra maestra del soul; y Bobby Elliott de The Hollies con su estilo de balanceo más relajado que animó los sencillos de tres minutos empapados de harmonías de su grupo. Después, mientras mi gusto se desarrollaba, vi al joven y exageradamente talentoso Richard Bailey tocando con Batti Mamzelle y escuché su obra fusión con Jeff Beck. Mientras, Estados Unidos estaba lanzando decenas de buenos baterías: Mike Shrieve de Santana, Dino Danelli de The Rascals, Bernard «Pretty» Purdi con Aretha Franklin y King Curtis, Jabo Starks y Clyde Stubblefield con James Brown's Famous Flames. La lista es infinita.

Estudié el inusual y único estilo de Keith Moon y recuerdo reírme cuando escuché por primera vez su *dropped flam* en «Pinball Wizard» (en 1:37), en que el ritmo parece pulverizarse hasta parar. Siempre hay una sensación de tensión descontrolada cuando toca Moon. Sus *hi-hat double sweeps* a través de los versos de esa canción en particular y sus *tom-tom drop-ins* en el final son una delicia auditiva. Ojalá la más bien densa producción del disco *Tommy* de The Who no hubiera enterrado la batería tan al fondo en la mezcla con la frecuencia con que lo hizo.

Otra área de repercusión del libro de Tony fue el supuesto de que Keith era TDH (o, básicamente, tenía trastorno de déficit hiperactivo de atención). Siento que muchas de estas siglas que denotan temas de salud mental o temas de la química del cerebro están en sus fases iniciales y todavía queda mucho hasta que haya tratamientos definitivos establecidos. Es interesante que la elección de las drogas de Keith (por lo menos al principio) fueran drogas de *subidón* y el alcohol. Ambos pueden ser tomados por los pacientes de TDH para llegar a algún tipo de equilibrio cerebral, intentando aclarar la niebla mental para probar de conseguir que su vida y sus pensamientos se centren. También pueden ralentizar la turbulenta sobreactividad mental que resultaría en sobreesfuerzos mentales por demasiados estímulos o paralizar al paciente en algún tipo de estado de adormecimiento y procastinación mental.

Keith tenía muchos de los rasgos reconocibles del TDH: el comportamiento impulsivo, el talento innato (que nunca se desarrolló por una enseñanza especializada sino que ocurrió espontáneamente), y no siempre cuando los necesitaba. También estaban las constantes distracciones, combinadas con su personalidad adictiva y su incapacidad para quedarse quieto o tranquilo por un largo periodo de tiempo. Parecía que no tenía ninguna noción del peligro personal y tomaba continuamente riesgos, tanto en su excesivo uso del alcohol y las drogas como en sus patrones erráticos de comportamiento.

Yo fui diagnosticado con los síntomas de TDH de adulto a través de unas intensas pruebas durante más de un año y al final rastreé este comportamiento hasta mis primeros años. Aunque no quiero compararme a Keith Moon de ninguna manera, ciertamente identifiqué comportamientos similares en mí mismo, y tal es la naturaleza de esta patología (que mucha gente asume que es algo así como «inventada») que no eres consciente de ella, aunque sabes, o llegas a saber, que hay algo que está «mal». La mayor parte del tiempo parece pereza o la imposibilidad de disfrutar de ningún progreso natural de la vida. Incluso con la ayuda de, por ejemplo, terapia cognitivo-conductual para examinar procesos de pensamiento y los comportamientos conectados sigue siendo difícil notarlo en uno mismo. En los años sesenta y setenta, cuando los síntomas de Keith se desarrollaban rápidamente, había poco conocimiento de esta enfermedad.

La tercera área en la que me sentí identificado con Keith Moon fue en sus impulsos adictivos y alcoholismo, algo que se podría decir que son dos caras de la misma moneda. Al leer e investigar el libro de Tony por segunda vez para esta adaptación gráfica y al profundizar en los detalles, tuve un creciente sentimiento de terror al ver a Keith precipitándose a su temprana muerte con 32 años.

Fuentes

Dear Boy: The Life Of Keith Moon. Tony Fletcher (Omnibus Press, edición de 2005)

Alcohólicos Anónimos España
Para personas que puedan tener problemas con el uso del alcohol.
Teléfono de ayuda 985 566 345
www.alcoholicos-anonimos.org

Narcóticos Anónimos
Para personas que puedan tener problemas con el uso de drogas y alcohol
Teléfono de ayuda
902 114 147
www.narcoticosanonimos.es

Estas comunidades de autoayuda están disponibles en muchos otros países.

Keith pasó a ser cada vez más consciente de que sus desintoxicaciones, sus ingresos en rehabilitación y lavados de estómago indicaban que algo iba seriamente mal. Siempre elegía la primera bebida o droga, la que causa los daños y apaga de nuevo el carrusel completo mentalmente obsesivo y físicamente compulsivo, con resultados cada vez más severos y preocupantes. Sus relaciones sufrieron, sus habilidades tocando disminuyeron, perdió la fuerza, y una personalidad que fue en su día optimista, contagiosa y alegre se volvió más oscura, reservada, a medida que progresaba la enfermedad. Fue devorado por sus miedos, tanto racionales como irracionales.

Reconozco el miedo en su cara durante el vídeo de la canción «Who are you», grabado en el estudio propio de The Who en mayo de 1978 cuando solo le quedaban tres meses de vida. Aquí hay tanto un pequeño niño en el cuerpo de un hombre (bastante) joven como un adicto asustado que está controlado por sus terrores innatos vinculados a la adicción y a las fuertes borracheras destructivas. Está muy hinchado, son 12 años de excesos grabados en los que fueron unos rasgos bonitos.

Para la mayoría de nosotros es lógico pensar que si lo tienes «todo» en la vida, ¿por qué no puede cada uno simplemente usar su voluntad y parar? Pero la adicción es mucho más compleja que eso. Aunque al principio es intensamente placentera, el consumidor beberá alcohol por muchas razones: como combustible, como un potenciador de buena mañana o como un auténtico estimulante. Puede ser usado como una forma de tranquilizante, para calmar los procesos mentales de alta velocidad. Es aparentemente un gran regulador, permitiendo contactos sociales aparentemente «normales», facilitando que los alcohólicos esencialmente tímidos y a menudo ineptos socialmente puedan integrarse con sus compañeros. Puede ayudar a eliminar los sentimientos a menudo descritos como de alienación o de «otredad» que son los extraños compañeros de cama del incipiente alcohólico/adicto.

Que sea un patrón genéticamente establecido o un comportamiento adquirido como resultado de un cúmulo de enfermedades familiares y presiones sociales o una mezcla de todo esto es un punto discutible.

Lo que está claro es que el alcoholismo causa estragos en cualquier área de la vida del enfermo.

Aparte de la continua abstinencia diaria, nunca he visto a un auténtico alcohólico controlar esta enfermedad del todo, y he visto miles a lo largo de los años. Yo mismo me metí en problemas bastante pronto por constantes borracheras y uso de drogas y terminé en un muy mal lugar y, gracias a Dios, conseguí salir de este infierno personal al final de mi veintena, en 1985.

Me fascinó mucho la reunión inicial de Keith con la reconocida consejera de drogas Meg Patterson, en la que afirmó que Keith necesitaba la intervención inmediata de Jesús: básicamente, que necesitaba una completa curación espiritual. Leyendo la biografía no era consciente de ninguna influencia religiosa en la infancia de Keith o de ningún anhelo espiritual en Keith.

Así que mi identificación con Keith Moon, en este sentido, es esencial, a pesar de las claras diferencias en cuanto a dinero, habilidades, éxito o fama. Sentí mucha tristeza cuando vi que se truncaba su vida, al igual que él se estaba dando cuenta de la seria naturaleza de su problema.

En la era moderna, casi cinco décadas desde que The Who y Keith Moon se implantaran en nuestra consciencia, el mercado del rock y el pop parece estar lleno de personajes aburridos, blandos, inofensivos, más apropiados para un trabajo detrás de un mostrador en el banco o supermercado local que en un escenario público. Generalmente el panorama musical es tan anticuado que duele. Keith Moon fue un precoz rayo de luz de los grises alrededores de Alperton, Wembley, en el oeste de Londres. Era una mini supernova que explotó y brilló con gran intensidad esos pocos años.

En estos tiempos de pop prefabricado, Keith sobresale como una verdadera estrella. Él iba sobrado del factor «X», lo tenía a montones. Esa química indefinible y talento que todas las grandes bandas o individuos tienen ocurre naturalmente sin necesidad de insípidos concursos de talento que lo señalen. No puedes comprarlo, o lo tienes o no lo tienes. Puedes intentar envasarlo (y la industria siempre lo intenta) pero alguien como Keith, con su impredecible y total falta de respeto por la autoridad, frustraría cualquier intento de ponerlo en una caja fuerte y reprimir su personalidad brillante. Tal como dijo tan acertadamente una vez: «Si no te gusta, ¡que te jodan!»

Jim McCarthy, 2016

KEITH ALQUILABA EL APARTAMENTO MAYFAIR DE LONDRES, EL DEL CANTANTE HARRY NILSSON. AQUÍ HABÍA ACABADO TRÁGICAMENTE LA VIDA DE LA CANTANTE MAMA CASS HACÍA CUATRO AÑOS... UN ATAQUE AL CORAZÓN. UN BLOQUE DISCRETO, LADRILLOS ENNEGRECIDOS CON LOS AÑOS... UN REFUGIO EN MEDIO DE LA CIUDAD...

CURZON STREET W1
CITY OF WESTMINSTER

CURZON PLACE 9, CALLE CURZON, LONDRES, SEPTIEMBRE DE 1978.

KEITH VIVÍA AQUÍ CON SU NUEVA NOVIA, ANNETTE WALTER-LAX. ESTABAN FELIZMENTE LIADOS DESDE HACÍA TIEMPO... ERA ALGO RELATIVAMENTE ESTABLE...

LLAMAN AL ALCOHOL EL GRAN REGULADOR, EL PRESTAMISTA VORAZ, POR CÓMO JUEGA CON TU MENTE... POR CÓMO TE DICE QUE ES CULPA DE TODO MENOS DE LA PRIVA. Y SIGUES NEGÁNDOLO UNA Y OTRA VEZ...

... MIENTRAS SOLO VES LA PAJA EN EL OJO AJENO Y NUNCA EN EL TUYO PROPIO...

TODOS LO VEN EXCEPTO TÚ. POR ESO LO LLAMAN NEGACIÓN... ES LA FORMA MÁS LETAL DE AUTODEFENSA EN LO QUE AL ALCOHOL RESPECTA...

ES DIFÍCIL ENFRENTARSE A GRANDES REUNIONES SOCIALES SIN UN DEFENSOR, UN ALIADO... ¿UN AMIGO?

ANNETTE, EN SERIO QUE NO QUIERO IR... QUIERO MANTENERME SOBRIO ESTA NOCHE.

VENGA, KEITH, ¡PODEMOS IR IGUALMENTE! ¿NO PUEDES ALEJARTE DEL ASUNTO POR UNA SOLA NOCHE?

SIEMPRE HAY UN LUGAR, UNA MANERA Y UNA PERSONA PARA CONSEGUIR UNA SOLUCIÓN QUE TE DÉ FUERZAS. EN EL APARTAMENTO 12 ASÍ SERÁ, COMO YA HA SIDO INFINITAS VECES ANTES...

SU CUERPO YA SE HA DESHECHO UN POCO DEL ALCOHOL, AUNQUE SE TARDAN 72 HORAS EN LIMPIAR DEL TODO EL ÚLTIMO TRAGO... PERO ES MUY DIFÍCIL DEJARLO SOLO, ¿QUIZÁ ALGÚN SUBSTITUTO AYUDARÍA? SOLO PARA PASAR LA NOCHE, LA FIESTA, EL ESTRENO...

... SOLO ESTA VEZ (UNA VEZ MÁS)...

PEPPERMINT PARK, UPPER SAINT MARTIN'S LANE, COVENT GARDEN, LONDRES, 6 DE SEPTIEMBRE DE 1978.

EL ESTRENO DEL MUSICAL *BUDDY HOLLY* CON GARY BUSEY, TIENE LUGAR UNA FIESTA DE GALA PARA CELEBRARLO.

ES LA FIESTA DEL AÑO. LOS MÁS GRANDES HACEN ACTO DE PRESENCIA... LA FLOR Y NATA DEL ROCK'N'ROLL DE LONDRES...

KEITH PODRÍA VIVIR EN LAS MESAS PRINCIPALES DE ESE MUNDO ENCORSETADO FÁCILMENTE... Y CON GUSTO...

Y ES MUY FÁCIL TENER UNA SOBREDOSIS... MUY, MUY FÁCIL. NO HE CONSEGUIDO MANTENERME TOTALMENTE SOBRIO... HE TOMADO ALGUNAS HOY, NO DEMASIADAS, Y TAMBIÉN HE TOMADO ALGO DE COCA...

NO LO HE HECHO TAN MAL, Y ESAS PASTILLAS DEL MÉDICO ME AYUDARÁN A DORMIR MEJOR...

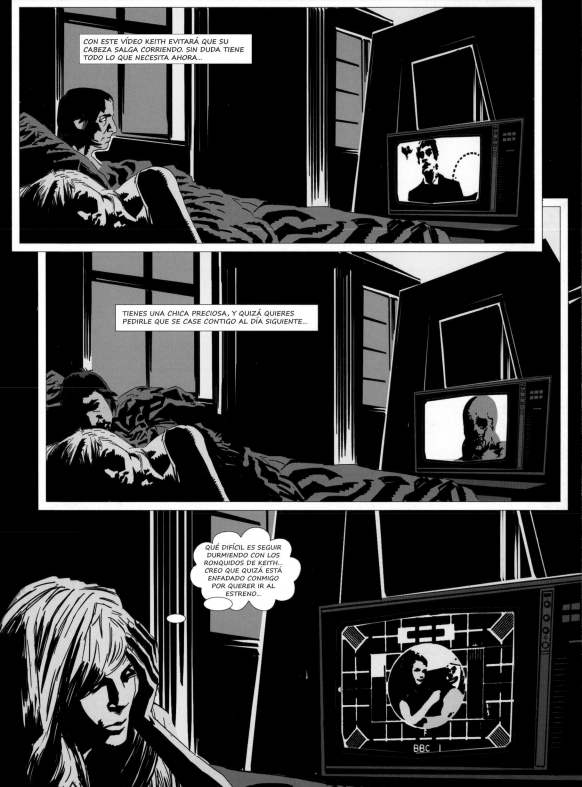

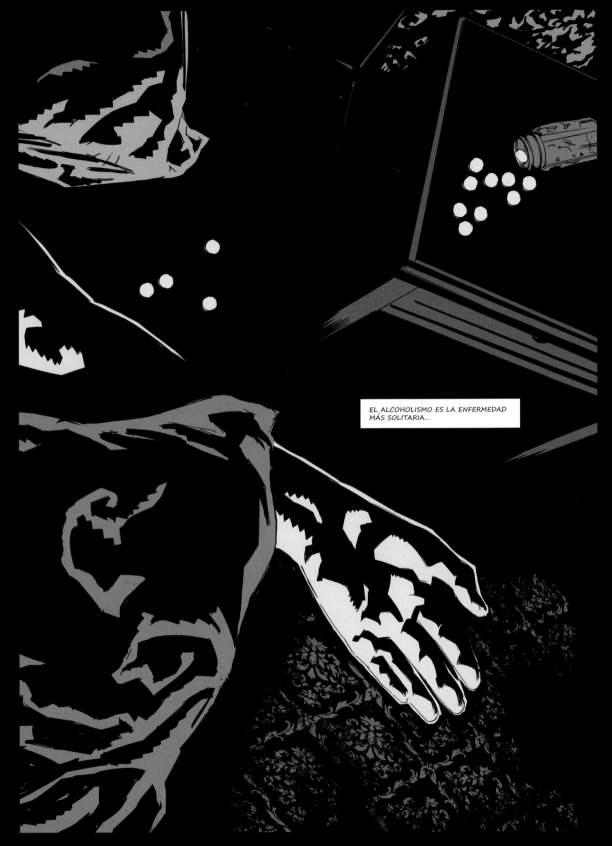

WEMBLEY ES UNA ZONA ANODINA DE LAS AFUERAS DEL NORESTE DE LONDRES. EN ESTE LUGAR, CON SU BORROSO PASADO INDUSTRIAL...

... EN EL HOSPITAL CENTRAL MIDDLESEX DE ACTON LANE, EL 23 DE AGOSTO DE 1946 OTRO NIÑO VINO AL MUNDO. CHILLÓ, HIZO RUIDO COMO TODOS LOS NIÑOS HACEN. LO LLAMARON KEITH JOHN MOON...

KEITH AGARRÓ CON FUERZA LA MANO DE SU PADRE ALF, Y PARECÍA QUE NUNCA LO IBA A SOLTAR...

ALFRED Y KATHLEEN MOON (O KIT, COMO LE GUSTABA QUE LA LLAMARAN) ERAN LOS ORGULLOSOS PADRES DEL RADIANTE NIÑO...

PRONTO KEITH TUVO UNA HERMANA, LINDA MARGARET, Y LA FAMILIA TUVO UNA NUEVA DIRECCIÓN, UNA VIVIENDA PROTEGIDA ACABADA DE CONSTRUIR EN EL 134 DE CHAPLIN ROAD, CERCA DE HARROW ROAD EN WEMBLEY...

KEITH FUE MUY QUERIDO EN SU NUEVA ESCUELA, SE LE CONSIDERABA UN «MUCHACHO AMABLE»...

AARRRR, AARR ¡RAYOS Y CENTELLAS!

YA ENTONCES KEITH NO PODÍA QUEDARSE QUIETO, NO PODÍA MANTENER LA COMPOSTURA...

Y WHITSTABLE, CON SUS RUMORES DE MOLUSCOS LEGENDARIOS, OFRECÍA VISTAS AL MAR EMBRAVECIDO QUE RODEABA LA ISLA DE SHEPPEY, VISIBLE DESDE LA COSTA, ESPECIALMENTE POR LA PARTE DELANTERA Y CERCA DEL NEPTUNO, EN TEORÍA HECHIZADO POR LOS VIEJOS PESCADORES...

LA ESCUELA ERAN BERRINCHES Y COMIENZOS Y SOÑAR DESPIERTO CONTINUAMENTE... PERO LE ENCANTABA ESTAR EN EL AGUA...

UNA MENTE HIPERACTIVA ES UNA MENTE QUE CORRE A TODAS PARTES INÚTILMENTE... INTENTANDO AGARRARSE A PENSAMIENTOS, CONCEPTOS E IDEAS; UN TORRENTE INFINITO DE ACTIVIDAD MENTAL...

EL EXAMEN PARA TERMINAR PRIMARIA
LLEGÓ UN AÑO ANTES DEBIDO A LA
FECHA DE NACIMIENTO DE KEITH...

... Y DEJÓ A KEITH PERPLEJO.
LO HIZO CON SOLO 10 AÑOS DE
EDAD. PODRÍA HABER TENIDO
BASTANTE CON UN AÑO MÁS
PARA PREPARARSE. PARECÍA QUE
LO ESTABAN ENCAMINANDO A LA
ESCUELA PROFESIONAL EN VEZ
DE A LA ESCUELA SECUNDARIA.

ESCUELA PROFESIONAL MODERNA ALPERTON PARA CHICOS (LO DE «MODERNA» LO QUITARON POCO DESPUÉS). ERA 1957. KEITH TENÍA UN NUEVO MOTE. SU CARÁCTER ERA CADA VEZ MÁS MARCADO, MÁS PROBLEMÁTICO...

... Y CONCENTRARSE LE ERA CADA VEZ MÁS DIFÍCIL, ERA UNA DIFICULTAD QUE YA PARECÍA UNA CAUSA PERDIDA...

AHÍ VA SPUTNIK, HACIENDO RUIDO Y LLAMANDO LA ATENCIÓN COMO SIEMPRE...

YING TONG IDDLE I PO!...

THE GOONS ERAN UNA DISPARATADA BANDA SONORA PARA UNA INGLATERRA CHAPADA A LA ANTIGUA Y A KEITH, COMO A MUCHOS OTROS, LE ENTUSIASMABAN...

HOSPITAL ST BERNARD EN HANWELL, OESTE DE LONDRES, DESCRITO COMO «UN MONUMENTO A LA FILANTROPÍA, UN SAGRADO TEMPLO AL ALTRUISMO. HANWELL SIGNIFICA «MANICOMIO» Y SE RUMOREA QUE FUE AHÍ DONDE TRATARON A KEITH POR ENFERMEDADES MENTALES...

A LOS 12 AÑOS, LOS INTERESES MUSICALES DE KEITH EMPEZARON A SALIR A LA LUZ...

PARP, BRRRRRRUUUUUUUUPPPPP

JODER, QUÉ DIFÍCIL ES ESTO... PRIMERO EL CLARÍN Y AHORA LA TROMPETA. ESTO ES PEOR Y MÁS DIFÍCIL QUE EL CLARÍN.

OOOOHH WHEEN THE SAINTS GO MARCHING IN...

KEITH PROCEDIÓ A DESTRUIR LOS OÍDOS DE SUS COMPAÑEROS DE CLASE Y LOS DE SU PROFESOR DE MÚSICA, EL SR. ROGER HANDS, QUE YA LLEVABA TIEMPO SUFRIÉNDOLO...

... Y EN BUENA MEDIDA, TODO EL MUNDO TUVO UN BOMBARDEO SONORO EN LA REUNIÓN MATUTINA DEL INICIO DEL COLEGIO.

KEITH COGIÓ SU TROMPETA E INTENTÓ HACER UNA GIRA LOCAL TOCANDO VILLANCICOS NAVIDEÑOS...

TODA ESA ENERGÍA TENÍA QUE SER ABSORBIDA POR ALGO MÁS ENERGÉTICO QUE LA FANFARRIA DE UNA TROMPETA. ESO NO PODÍA AMORTIGUAR TODA ESA ENERGÍA IRRITANTE DESGANADA...

VENGA, IROS YA, ¿VALE?

WE WISH YOU A MERRY CHRISTMAS WE WISH YOU A MERRY--

OOOMPPH PAA OOOMPPH PAPA OOOMPPH PAA OOOMPPH PAPA

KEITH SE LLAMABA A SÍ MISMO «BATERÍA MENTAL», SIN QUE ESO IMPLICARA NINGÚN TIPO DE IRONÍA INCIPIENTE...

OH MIRA, AHÍ VA EL SR. SLADDEN, EL PROFESOR DE GEOGRAFÍA. NO ME PUEDE PILLAR FUMANDO CANUTOS O ME VA A COLGAR DE LOS HUEVOS, SE LO CONTARÁ AL DIRECTOR Y LUEGO A MIS PADRES...

EN MI MENTE ME ESTABA HACIENDO BATERÍA.... YA ERA UN BATERÍA, UN BATERÍA MENTAL. TENGO QUE CONECTAR LA REALIDAD CON MIS DESEOS INTERNOS...

EN EL 134 DE CHAPLIN ROAD, KEITH LLEVÓ SUS TRAVESURAS A UN NUEVO NIVEL... BUENO, A LA ALTURA DE SU DORMITORIO POR LO MENOS.

UNA FORMA DE DESPERTAR AL VECINDARIO...

LLEGÓ EL TRABAJO...

... Y SE FUE.

TODO ESTO NO TIENE SENTIDO, TENGO QUE SALIR POR PATAS DE AQUÍ...

REALMENTE SIN SENTIDO...

¡A... MIEN... ESTO! ES RIDÍ...

CÓMPRATE ALGUNA BATERÍA PRONTO Y EMPIEZAR A PRACTICAR, KEITH...

... O SI NO VAS A ACABAR DESTROZANDO LA MÍA SI EMPIEZAS A MARTILLEARLA... MADRE MÍA, TIENE UNA ENERGÍA COMPLETAMENTE LOCA, PODRÍA DESTROZAR MI BATERÍA ENSEGUIDA.

NUESTROS AMIGOS DAN UN PASEO POR LA CALLE OLD COMPTON, CERCA DE TODAS LAS TIENDAS DE MÚSICA Y LOCALES DE CONCIERTOS...

COFFEE BAR

2 I's

COFFEE BAR

GERRY, VUELVO A LAS 6 CUANDO TERMINES DE TRABAJAR, ¿VALE?

LA FAMOSA TIENDA DE ROPA EN LA AVENIDA SHAFTESBURY...

Cecil Gee

¡CARAY! ¿QUIÉN TIENE EL VALOR DE PONERSE ALGO ASÍ, KEITH?

LAS TRAVESURAS DE KEITH Y SUS BROMAS ERAN CADA VEZ MÁS INGENIOSAS...

GERRY HIZO UNA EXCURSIÓN A CHAPLIN ROAD Y VISITÓ LA RESIDENCIA DE LOS MOON...

SE SIRVIÓ UN FESTÍN EN HONOR AL INVITADO DE KEITH, SOLO QUE ERA DE UNA FORMA QUE NO SE HABÍA ENCONTRADO ANTES...

KEITH CONSIGUIÓ IR A LOS ENSAYOS PARA EL NUEVO GRUPO AL QUE GERRY SE HABÍA UNIDO, THE ESCORTS.

EL PUB PRÍNCIPE DE GALES EN LA ROTONDA DE KINGSBURY. LOS ENSAYOS DE ESCORTS ERAN UN DOMINGO POR LA MAÑANA...

VENGA, KEITH, SI CONSIGUES REUNIR EL DINERO, TÍO, PUEDES COMPRARTE ESA BATERÍA AZUL PERLA DE LA TIENDA POR 75 LIBRAS. EL JEFE DICE QUE SI LO HACES, PUEDES COMPRARLA A PLAZOS EN DOS AÑOS. NO ESTÁ MAL, ¿EH?

KEITH LOGRÓ LLEVARSE ESA BATERÍA AZUL PERLA DE VUELTA A CASA. ALF, ¿ESTÁS LISTO PARA EL RUIDO QUE VENDRÁ?

KEITH ESTABA OBSESIONADO CON CARLO LITTLE, EL BATERÍA INDEPENDIENTE QUE HACÍA GIRAS POR LONDRES...

A TODO EL MUNDO LE ENCANTABA COMO TOCABA CARLO, SE LE CONSIDERABA UN MAESTRO EN EL NUEVO ESTILO RÍTMICO DEL REINO UNIDO. LO ESTABA PETANDO EN EL GRUPO LORD SUTCH AND THE SAVAGES...

HE ESTADO VIENDO A CARLO CON THE SAVAGES CON UN NUEVO MIEMBRO EN EL TECLADO, NICKY HOPKINS, Y MI ANTIGUO COMPAÑERO DE CLASE BERNIE WATSON. ¡ESTO ES LO QUE QUIERO HACER! VOY A MOVERME PARA VER A TODOS LOS GRUPOS Y APRENDER REALMENTE SOBRE MÚSICA.

LAS BROMAS DE KEITH TOMARON UN TONO OSCURO...

¡AQUÍ LA GESTAPO! PÓNGANSE EN FILA PARA SER GASEADOS, POR FAVOR. ¡FORMEN UNA FILA ORDENADA DE UNA VEZ!

KEITH YA TENÍA 16 AÑOS Y SE ESTABA ABURRIENDO DE LAS LIMITADAS AMBICIONES MUSICALES Y PERSPECTIVAS DE THE ESCORTS. ÉL BUSCABA NUEVAS Y MAYORES OPORTUNIDADES...

PAPÁ, ¿PUEDES LLEVARME A UN CASTING PARA UN GRUPO LLAMADO THE BEACHCOMBERS?

ERES DEMASIADO JOVEN, KEITH. VUELVE EN UN AÑO, COLEGA.

MIENTRAS QUE TODOS ESTOS CHICOS SON DE LA ZONA, YO SUEÑO CON OTROS CLIMAS, COMO CALIFORNIA: EL SURF... LAS CHICAS... EN REALIDAD, DOS CHICAS POR CADA CHICO...

I AM THE GREATEST

¡BASTA YA! YA ME HAS CHILLADO BASTANTE, COLEGA...

POP!!!

LAS COSAS SE CALMARON UN POCO, PERO KEITH SIGUIÓ PROFUNDIZANDO MÁS EN LAS BROMAS Y EL HUMOR PROVOCADOR...

ESTOS CHICOS DE THE BEACHCOMBERS SON SOLO UNOS SEMIPROFESIONALES, Y YO QUIERO SER UNA ESTRELLA, Y NO HAY PERO QUE VALGA.

KEITH DESCUBRIÓ OTRO ALIADO, OTRA AYUDA PARA TOCAR, ALGO QUE LE DABA MÁS ENERGÍA Y VIGOR, MÁS REBOTE EN SU BATERÍA...

BUENO, HAY ESTAS PRO PLUS, Y ESTO OTRO, LOS CORAZONES PÚRPURA. GENIAL...

EL ZANZIBAR, EN EDGWARE ROAD, LONDRES.

TU PUTA BATERÍA ES UN MONTÓN DE MIERDA SECA. NO SABES TOCAR, GILIPOLLAS.

DOUG SANDOM, EL BATERÍA DE THE HIGH NUMBERS, VIO QUE SU PUESTO SE TERMINABA VERBALMENTE EN EL CLUB 100 DE OXFORD STREET, EN LONDRES, EL LUNES 5 DE ABRIL DE 1964...

¡OYE! ¡NO OS PODÉIS IR ASÍ! TENEMOS UN MES COMPLETO DE CONTRATOS POR DELANTE...

CUANDO EMPECÉ CON ELLOS SE LLAMABAN THE HIGH NUMBERS, Y AHORA PARECE QUE NOS VAMOS A LLAMAR THE WHO...

HABÍAN ESTADO TOCANDO JUNTOS COMO THE DETOURS ALGUNOS AÑOS, Y ERA EVIDENTE, ERAN MUY RIGUROSOS. PETE SIEMPRE PARECÍA MUY HOSCO Y ME DABA MUCHO MIEDO...

LA TABERNA OLDFIELD, GREENFORD, JUEVES POR LA NOCHE DE MEDIADOS DE MAYO DE 1964.

ME HE TOMADO ALGUNAS COPAS PARA TENER ALGO MÁS DE VALOR...

¡ME CAGO EN DIOS! HA HECHO MÁS DAÑO EN UNOS MINUTOS DEL QUE HE HECHO YO JAMÁS. ES UN RELÁMPAGO, EL PEQUEÑO CABRONAZO...

... NECESITARÉ CINCO LIBRAS MÁS EN LA CUOTA DE ESTA SESIÓN POR TODOS LOS DAÑOS CAUSADOS.

¿QUÉ HACES ESTE SÁBADO?

NADA, ¿POR?

TENEMOS UN BOLO, SI QUIERES PUEDES VENIRTE. TE RECOGEMOS EN NUESTRA FURGO.

VOY A SEGUIR CON THE BEACHCOMBERS POR SI ACASO. ESTOS PIENSAN QUE SON MUY BUENOS, PERO YA LES ENSEÑARÉ YO...

OYE, TOCA UN SOLO DE BATERÍA. LOS APARATOS PARA EFECTOS DE ECO DE PETE ESTÁN EMBALADOS.

EL GRUPO ESTABA REALMENTE SORPRENDIDO CON LA ENERGÍA JOVEN Y LA RESISTENCIA DE KEITH.

YA TE DIJE QUE LES ENSEÑARÍA...

VALE, TÍO, ES HORA DE ENCARGARNOS DE LOS BILLETES. YO ME CONCENTRARÉ EN DALTREY COMO LÍDER, PERO LOS OTROS TENDRÁN TAMBIÉN SU PUESTO, TÍO...

ESO SIGNIFICA SALIR A TODOS LOS GARITOS DE MODA. VER Y SER VISTO, TÍO, ¡VER Y SER VISTO!

NOS PAGABAN 20 BILLETES A LA SEMANA COMO SUELDO, ESO VENÍA DE HELMUT GORDEN, NUESTRO MANAGER POR AQUEL ENTONCES, PETE MEADEN SE METÍA MÁS PASTILLAS QUE NOSOTROS...

EL TECHO ERA TAN
JODIDAMENTE BAJO QUE
FÁCILMENTE SE LE PODÍA CLAVAR
UNA GUITARRA. PERO ELLOS
ERAN INCREÍBLES DE UNA FORMA
BRILLANTE, GLORIOSAMENTE
ANTISOCIAL.

HOLA, CHRIS. HE VISTO
ESTA NOCHE A UNA PANDA DE
GENTUZA QUE SE LLAMABAN
THE HIGH NUMBERS. VUELVE
DE IRLANDA. EN SERIO, CHRIS.
QUIERO QUE VEAS A ESTE GRUPO
CUANTO ANTES.

SALA TRADE UNION, EN WATFORD. EL GRUPO AHORA SE LLAMA THE WHO.

ESE BATERÍA ES SUPERBUENO. TIENE TODA ESA ENERGÍA DISFUNCIONAL CONTENIDA. KIT TIENE RAZÓN SOBRE ESTOS CHICOS, REALMENTE TIENEN ALGO ESPECIAL.

EL SINGLE DE MEADEN ES UN PUTO DESASTRE, Y NO PODEMOS DESHACERNOS DEL CABRONAZO. HELMUT GORDEN HACE TANTO DE MANAGER COMO MI ABUELA.

DESPUÉS DE VERLOS EN EL RAILWAY, SUPE QUE PODÍAN LLEGAR A SER GENUINAS SUPERESTRELLAS.

LAMBERT ES UN PIJO REDOMADO, Y PARECE INESTABLE, PERO ÉL Y CHRIS STAMP TIENEN EL PLAN QUE TANTO NECESITAMOS...

VIENE DE UNA FAMILIA EXCÉNTRICA Y MUY EFUSIVA. SU ABUELO ERA UN PINTOR AUSTRALIANO Y SU PADRE, CONSTANT, UN RECONOCIDO Y FAMOSO COMPOSITOR...

IGUAL QUE BRIAN CON THE BEATLES Y LOOG OLDHAM CON THE STONES, LOS SESENTA OFRECÍAN UNA MEZCLA DE LA CLASE MEDIO-ALTA Y LOS RICACHONES CON LOS GRUPOS EN AUGE DE LA CLASE TRABAJADORA...

VALE, KIT, HEMOS PROBADO EL CHAMPÁN, AHORA TE TOCA PROBAR ESTO. ALGUNOS DE ESTOS SALTARINES VAN A PONERTE EN ÓRBITA.

Y HABLANDO DE SALTARINES, PETE MEADEN IBA ARRIBA Y ABAJO COMO EL TOWER BRIDGE. ERA MOMENTO DE TOMAR CAMINOS SEPARADOS.

QUERIDO PETER, AQUÍ TIENES ESTE CHEQUE NO REEMBOLSABLE COMO MUESTRA DE NUESTRO AGRADECIMIENTO POR TUS ESFUERZOS HASTA LA FECHA. PERO LAS COSAS TIENEN QUE CAMBIAR, EN SERIO, CHAVAL...

£150.

HELMUT GORDEN LES CONSIGUIÓ UN NÚMERO CON LOS TRES VECES NÚMERO UNO DE LAS LISTAS DE VENTAS GERRY AND THE PACEMAKERS, PERO GORDEN FUE RÁPIDAMENTE DESPEDIDO TAMBIÉN...

MEJOR QUE LLAMARNOS THE MARS BARS, ¿NO? JAJAJAJA...

ARE YOU LIKING IT TOOOOOOOO...

THE HIGH NUMBERS SE HICIERON
LLAMAR THE WHO Y KEITH MOON
REAFIRMÓ SU IDENTIDAD SIN FIN. ÉL ERA
EL ESLABÓN PERDIDO, LA PIEZA FINAL E
INEVITABLE DEL PUZZLE QUÍMICO...

... EL BAJISTA
TOTÉMICO...

... EL EMBRAVECIDO
TSUNAMI
PERTURBADOR
DEL SONIDO DE LA
GUITARRA...

... CON UN HURAÑO
PERO CARISMÁTICO
LÍDER...

... TODO UNIDO EN
UNA HIPERENERGÍA
ENVOLVENTE QUE LO
DIRIGÍA TODO DESDE
ANTES...

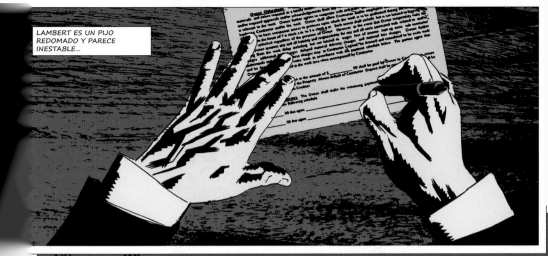

LAMBERT ES UN PIJO REDOMADO Y PARECE INESTABLE...

LA ILUMINACIÓN BAÑA AL GRUPO EN UN TONO DE ROJO PROFUNDO Y ELEVA EL EFECTO DRAMÁTICO EN EL ESCENARIO...

LA ESCENA MUSICAL CRECÍA RÁPIDO Y CIERTOS GRUPOS DABAN UN PASO ADELANTE PARA LLEVARSE LA CORONA...

KIT LAMBERT GRABÓ NUESTRA PRIMERA «PELÍCULA»: ERA UN CORTO, CUATRO MINUTOS DE CELULOIDE, GRABADO EN THE SCENE...

ES UNA DE LAS PRIMERAS Y ESCASAS PELÍCULAS EN CAPTURAR LA PRIMERA ESCENA MOD...

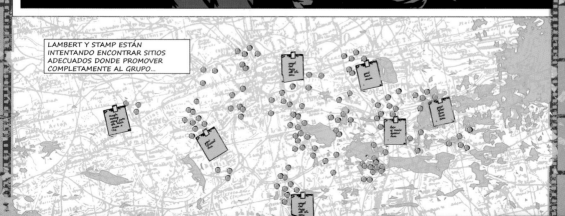

LAMBERT Y STAMP ESTÁN INTENTANDO ENCONTRAR SITIOS ADECUADOS DONDE PROMOVER COMPLETAMENTE AL GRUPO...

LOS SELLOS PASABAN DEL GRUPO. PRIMERO FUE EMI EL 22 DE OCTUBRE, DESPUÉS FUE PYE Y JUSTO POCO DESPUÉS FONTANA RECHAZÓ UN SEGUNDO LANZAMIENTO DE SINGLE....

PUDIMOS COMPARTIR ESCENARIO CON ESTOS CHICOS EN LA BLACKPOOL OPERA HOUSE...

EN LAS OFICINAS DE IVOR COURT. EN VEZ DE DISTRIBUIRNOS POR TODO LONDRES, NECESITÁBAMOS UNA BASE DE OPERACIONES ORGANIZADA...

24 DE NOVIEMBRE DE 1964. EL LEGENDARIO Y PRESTIGIOSO MARQUEE CLUB DE LONDRES.

ROMPIMOS LOS RÉCORDS DE TAQUILLA AQUEL AÑO Y EN 1965...

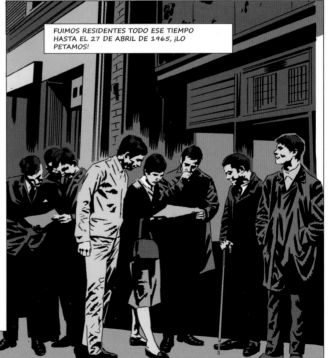

FUIMOS RESIDENTES TODO ESE TIEMPO HASTA EL 27 DE ABRIL DE 1965, ¡LO PETAMOS!

SHEL TALMY DIO OTRO PASO ADELANTE QUE ACABÓ EN SUS PRIMERAS DEMOS... LOS CAMINOS DE TALMY Y DEL GRUPO PRONTO SE IBAN A CRUZAR...

I CAN'T EXPLAIN... THINK IT'S LOVE...

ESTE ES EL SONIDO DEL ROCK'N'ROLL MÁS DESCARNADO DE TODA INGLATERRA... VOY A CONSEGUIR ROYALTIES Y PUNTOS EN ESTOS LANZAMIENTOS TAMBIÉN. YA LA JODÍ DEMASIADO EN EL TRATO QUE HICE CON THE KINKS...

ESTUDIOS PYE, LONDRES, FINALES DE 1964...

TRY TO SAY IT TO YOU WHEN I FEEL BLUE...

UNA EXPLOSIÓN DE MEMORABLE ENERGÍA DESENFRENADA CON COJONES QUE DURA DOS MINUTOS Y DOS SEGUNDOS...

16.26.4

¡MÁS VALE QUE ESTO SEA UN MALDITO HIMNO NACIONAL!

ÉL LA LLAMÓ UNOS DÍAS DESPUÉS. ¿CÓMO
PUDO ESPERAR? TODO UN LOGRO DE
RESISTENCIA... KIM KERRIGAN, ANTES
CONOCIDA COMO PATSY KERRIGAN,
UNA HERMOSA IRLANDESA... MUY, MUY
HERMOSA...

BOURNEMOUTH EN LA COSTA DEL SUR DE INGLATERRA, CON SU SUAVE BRISA DEL GOLFO Y SIGILOSAS PALMERAS.

29 DE ENERO DE 1965, EL PROGRAMA READY STEADY GO! ...

SE RUMOREÓ QUE KIT LAMBERT HABÍA LLENADO EL ESTUDIO DE TELEVISIÓN CON «LAS CIEN CARAS» PARA HACERLOS PARECER MÁS POPULARES... NUNCA SE SABRÁ...

KEITH PERSIGUIÓ A KIM CON PASIÓN Y ARDOR, Y PRONTO SE ADENTRÓ EN ESE MISTERIOSO ESTADO LLAMADO AMOR...

A OTRO JOVEN MOD LLAMADO ROD STEWART TAMBIÉN LE GUSTABA KIM, Y QUERÍA CONOCERLA UN POCO MÁS...

EL MONSTRUO VERDE DE LA ENVIDIA APARECÍA...

ESTÁS HABLANDO CON ESE GILIPOLLAS NARIZUDO DE ROD STEWART. ES UN HIJO DE LA GRAN PUTA. NO CONFIARÍA JAMÁS EN ESE CABRONAZO...

DENTRO DEL GRUPO, LAS CLÁSICAS RIVALIDADES EMPEZARON A CRECER E INFECTARSE, EMPEZANDO A SALIR A LA SUPERFICIE, SIN CONTROL ALGUNO...

ESTE CABRÓN DE MOON ME ESTÁ EMPEZANDO A TOCAR LOS HUEVOS. ESTÁ A ESTO DE QUE LE PEGUE UNA BUENA PALIZA...

ESTILO... ESPACIO... ACTITUD...

ESTÁBAMOS A PUNTO DE SER UNA AUTÉNTICA FUERZA MUSICAL VOLÁTIL... COMO FUERA, DONDE FUERA...

EL ÚNICO PROBLEMA ERA QUE TODO LO QUE SUBE, BAJA...

Y AHÍ ES DONDE LOS MANDIES ERAN ÚTILES...

LA INESTABILIDAD NO TENÍA A DÓNDE IR EXCEPTO ENTRANDO EN ERUPCIÓN...

VOSOTROS, CABRONES, HABÉIS ARRUINADO ESTE CONCIERTO. ESTOY HARTO DE TODOS VOSOTROS, TODO EL PUTO RATO PUESTOS DE SPEED...

Y YO TAMBIÉN ESTOY HARTO DE TI, ¡SO CAPULLO!

Y ASÍ, UNA BENIGNA DEMOCRACIA SE INSTALÓ EN EL REINO DE THE WHO. CON TODOS LOS ALBOROTOS, LUCHAS DE PODER, AMOR, RISAS Y ALTERCADOS QUE TE PUEDAS IMAGINAR...

LO MÁS IMPORTANTE ES QUE SIGAMOS JUNTOS Y ENTEROS...

CONSEGUIMOS UN NUEVO CONDUCTOR, RICHARD COLE DE 19 AÑOS. CY LANGSTON HIZO QUE ROBARAN TODO E MATERIAL DEL GRUPO: LO D TODO SIN VIGILAR MIENTRAS IBA A COMPRAR UN PERRO PARA PRECISAMENTE VIGILA EL MATERIAL DEL GRUPO. ER IMPOSIBLE INVENTARSE ALG ASÍ...

FUIMOS A ESCOCIA PARA LOS SIGUIENTES CONCIERTOS. NOS QUEDÁBAMOS EN EL CALEDONIAN Y ALGO PASÓ ALLÍ...

¿QUÉ COÑO ES ESO?

ESO ERA ALGO QUE IBA A SER HABITUAL EN LOS SIGUIENTES AÑOS.

ASÍ ES COMO RICHARD COLE CONOCIÓ A KEITH MOON. QUÉ POCO SABÍA LO QUE LE ESPERABA...

SE PRODUJO UN DESCENSO INMEDIATO A OTRO HOTEL DE MENOR CATEGORÍA...

MIRA, KIM, LOS MANAGERS CHRIS Y KIT QUIEREN MANTENER EN SECRETO NUESTRA RELACIÓN Y EL EMBARAZO. ES MEJOR PARA LOS FANS Y PARA LA IMAGEN DEL GRUPO. YO NO QUIERO, PERO TENGO QUE HACERLO, KIM...

ME ESTOY EMPEZANDO A CANSAR DE KEITH CORRETEANDO MIENTRAS YO ESTOY ENCERRADA. ME SIENTO FATAL SIEMPRE CON EL BEBÉ...

ESTÁS FUERA TODA LA NOCHE, METIÉNDOTE SPEED SIN PARAR... DIOS SABRÁ QUÉ HACES O CON QUIÉN ESTÁS...

ESTOY FUERA TODA LA NOCHE PORQUE ESTOY DEJÁNDOME LA PUTA PIEL PARA TRAER DINERO A CASA Y ALIMENTAR A CADA CABRÓN. A LA MIERDA, ¡ESTOY HARTO! ME VOY A SUICIDAR...

ÍBAMOS A FIRMAR CON EL SELLO INDEPENDIENTE REACTION, MONTADO POR EL EMPRESARIO AUSTRALIANO ROBERT STIGWOOD...

EL TRATO QUE NUESTRA DIRECCIÓN, NEW ACTION, HABÍA FIRMADO CON EL PRODUCTOR SHEL TALMY ERA CREATIVAMENTE BRILLANTE PERO UN ABSOLUTO DESASTRE FINANCIERO...

EL SELLO DISCOGRÁFICO DE STIGWOOD, REACTION, ERA UN MOVIMIENTO SIN PRECEDENTES EN EL MÍSERO NEGOCIO DISCOGRÁFICO ENCLAUSTRADO DE REINO UNIDO POR AQUEL ENTONCES, UNA SALIDA INDEPENDIENTE A LAS GRANDES Y VIEJAS DISCOGRÁFICAS, JUGANDO CON SUS REGLAS.

REACTION IBA A SER NUESTRO NUEVO SELLO EN REINO UNIDO. KIT LAMBERT LLEVÓ EL SINGLE «SUBSTITUTE» A SU COLEGA STIGWOOD Y LA EMERGENTE DISCOGRÁFICA PASÓ A SER NUESTRO NUEVO HOGAR. EN ESTADOS UNIDOS, ATCO SE ENCARGABA DEL LANZAMIENTO DEL NUEVO SINGLE...

CREO QUE ESTOY PERDIENDO LA CABEZA. TODOS SE ESTÁN DEMANDANDO UNOS A OTROS. PENSABA QUE ÉRAMOS UN GRUPO EN LA CIMA, HACIENDO GRAN MÚSICA, HACIÉNDOLA GRANDE...

LAS COSAS SE INTENSIFICABAN, Y EL AMOR DE KEITH POR LA MÚSICA SURF CRECÍA Y CRECÍA...

¿OS IMPORTA SI BRUCE Y YO PONEMOS EL NUEVO DISCO EN EL QUE ESTÁN TRABAJANDO LOS BEACH BOYS? SE LLAMA *PET SOUNDS.*

LA MÚSICA DE TODO EL MUNDO AVANZABA RÁPIDAMENTE... BRUCE JOHNSTON, MIENTRAS ESTABA EN LONDRES, VIO DE PRIMERA MANO LA FUGACIDAD EN EBULLICIÓN Y EN ERUPCIÓN DESDE LA SUPERFICIE DEL GRUPO...

EN EL CLUB NEWBURY RICKY TICK LA RABIA HABÍA EMPEZADO ANTES, CUANDO PETE Y ROGER HABÍAN EMPEZADO EL CONCIERTO SIN JOHN Y KEITH, QUE LLEGARON TARDE...

The Royal Courts of Justice

CORTE SUPREMA, GRAY'S INN, 4 DE ABRIL DE 1966.

UN DISCO Y CUATRO SINGLES DESPUÉS... LLEVAMOS A SHEL TALMY A JUICIO Y SE ALARGÓ MÁS Y MÁS. NEW ACTION TENÍA QUE LLEGAR A UN ACUERDO FUERA DE LA CORTE... EL MANAGER DE LOS STONES, ANDREW LOOG OLDHAM QUERÍA ENTRAR, Y BRIAN EPSTEIN NOS CONTRATARÍA MÁS TARDE PARA SU AGENCIA DE TALENTOS...

TALMY SALIÓ LIMPIO, SE INVALIDARON LOS BENEFICIOS DE THE WHO CINCO AÑOS. UN BUEN TRATO PARA ÉL, LA MITAD DE NUESTROS INGRESOS DURANTE CINCO AÑOS. ¿QUIÉN DICE QUE NO TRABAJAR NO SALE A CUENTA?

SIEMPRE ESTÁBAMOS EN DEUDA, A PESAR DE LOS AVANCES.

MIENTRAS SE ACERCABA EL SIMBÓLICO AÑO 1967, THE WHO SE PUSIERON LAS PILAS Y PETE TOWNSHEND ESCRIBIÓ UNA MINI-EPOPEYA QUE PRONOSTICABA TRABAJOS AÚN MÁS AMBICIOSOS...

HER MAN'S BEEN GONE FOR NIGH ON A YEAR, HE WAS DUE HOME YESTERDAY...

EN EL CAMPO BASE DE THE WHO TODO ERA TENSO Y CLAUSTROFÓBICO COMO SIEMPRE, Y ESTABA ABARROTADO EN CHAPLIN ROAD. ERA EL MOMENTO DE CAMBIAR DE CASA...

EL DISCO TUVO UN SINGLE ALEGRE Y NUEVE MINUTOS DE CIERRE CON MINI-ORQUESTRA...

SE GRABÓ UNA PELÍCULA PARA EL SINGLE «HAPPY JACK» EN LAS OFICINAS DE MAYFAIR DE NEW ACTION...

EL MAL ROLLO SIN FIN Y LAS RIÑAS DENTRO DEL GRUPO REALMENTE ESTABAN AFECTANDO A KEITH. HIZO UN INTENTO EN SOLITARIO... OTRO HUECO MUSICAL LE FUE OFRECIDO POR UNO DE LOS GENIOS AL ALZA DE LA ESCENA INGLESA...

BOLERO
(Jeff Beck)

ESTUDIOS DE GRABACIÓN IBC, LONDRES.

ESTO ES MUCHO MÁS FÁCIL QUE TOCAR CON PETE Y ROGER. JOHN ENTWISTLE DEBERÍA ESTAR AQUÍ, ÉL TAMBIÉN ESTÁ HARTO DE TODA ESA MIERDA...

BECK Y PAGE. ¿ESOS DOS? BRILLANTES PEQUEÑOS GUITARRISTAS CON MUY POCO CEREBRO. EL TEMA ES QUE CUANDO KEITH HIZO EL LLAMADO «BOLERO» DE BECK, ESO NO ERA SOLO UNA GRABACIÓN, ERA UN MOVIMIENTO POLÍTICO...

FUE EN ESE MOMENTO QUE EL GRUPO ESTABA A PUNTO DE ROMPERSE. KEITH ESTABA MUY PARANOICO Y TOMANDO PASTILLAS MUY FUERTES... QUERÍA QUE EL GRUPO LE SUPLICARA PORQUE SE HABÍA UNIDO A BECK...

EL FESTIVAL INTERNATIONAL POP IBA A TENER LUGAR EN MONTEREY DEL 16 AL 18 DE JUNIO DE 1967...

LOS BEACH BOYS IBAN A SER CABEZA DE CARTEL CERRANDO EL FESTIVAL EL DOMINGO POR LA NOCHE, PERO SE RETIRARON. ¿QUIZÁ ESTABAN PREOCUPADOS POR TODOS LOS PESOS PESADOS DEL PROGRAMA...?

SUS PIES TOCARON SUELO AMERICANO DE NUEVO...

EL GRUPO TENÍA QUE ENCAJAR OTRO CONCIERTO EN LA PRESTIGIOSA COSTA OESTE ANTES DE MONTEREY. THE FILLMORE WEST... TOCAMOS CON ALGUNOS TIPOS RAROS LLAMADOS LOADING ZONE, Y ESCUCHAMOS A UN NUEVO GRUPO EN ASCENSO LLAMADO SANTANA, PILLADO POR BILL GRAHAM...

EL FESTIVAL INTERNATIONAL POP, MONTEREY.

¡ACABA HENDRIX DE LLAMARME SOPLAPOLLAS? LE DIJE QUE DEJARA DE COPIARNOS, ROMPIENDO LAS GUITARRAS Y TODO ESE ROLLO...

ABRIMOS EL FESTIVAL DE MONTEREY EL DOMINGO POR LA TARDE. SALIMOS BASTANTE BIEN, PERO LOS HIPPIES SUPERCOLOCADOS NI SE ENTERABAN...

NOS ASEGURAMOS DE QUE HUBIERA ALBOROTO. LOS YANKEES NO HABÍAN VISTO NUNCA NADA ASÍ...

JIMI HENDRIX PRENDIÓ FUEGO A SU GUITARRA, IGNORÓ TOTALMENTE LO QUE LE HABÍA DICHO PETE TOWNSHEND SOBRE DESTROZAR LA GUITARRA CONTRA LOS AMPLIFICADORES. THE WHO FUERON TOTALMENTE ECLIPSADOS...

LOS PETARDOS ERAN MUY PRÁCTICOS CUANDO QUERÍAS DESPERTAR A ALGUIEN, FUERA LA HORA QUE FUERA...

EN BIRMINGHAM, ALABAMA, KEITH IBA REFINANDO FORMAS DE DESTRUIR ALGUNOS OBJETOS. LAS MALETAS TENÍAN CIERTA CUALIDAD COMBUSTIBLE...

ESTOY TAAAAAAN ACOSTUMBRADO A LOS SIMPLES PETARDITOS INGLESES, ¡ESTOS COHETES SON GENIALES!

KEITH RENUNCIÓ A SUS PANTALONES, Y LO PILLARON CON LOS PANTALONES BAJADOS O HECHOS JIRONES. EN DEFINITIVA, UNA VERTIGINOSA FIESTA DE LOS 21. EL ESTILO SIN PANTALONES FUE ESENCIAL PARA SU NUMERITO EXTRACURRICULAR HACIENDO CALVOS...

EL 23 DE AGOSTO DE 1967 KEITH CUMPLIÓ 21 AÑOS EN FLINT, MICHIGAN. SE CELEBRÓ UNA FIESTA EN SU HONOR EN EL HOTEL HOLIDAY INN. TODO IBA A SER BASTANTE RUIDOSO...

HAPPY BIRTHDAY KEITH

EL BOCA A BOCA FUE EN AUMENTO A MEDIDA QUE TODO ERA MÁS Y MÁS RUIDOSO, Y LLAMARON A LOS POLIS A INVESTIGAR DE QUÉ IBA TODO ESO...

HABÍA DAÑOS POR TODAS PARTES: LA SALA DE BANQUETES, LA PISCINA, COCHES CUBIERTOS DE ESPUMA, PAREDES Y ALFOMBRAS ARRUINADAS... LOS COSTES PARA CUBRIRLO TODO SE ESTIMA QUE LLEGARON A LOS 24.000$.

ES PELIGROSO CREERTE TU PROPIA PROPAGANDA, RECUÉRDALO EN EL FUTURO...

POR CIERTO, LA MÍTICA HISTORIA DE QUE CONDUJE UN COCHE HASTA DENTRO DE UNA PISCINA, ¿CÓMO SUPERO ALGO QUE NUNCA OCURRIÓ?

THE WHO DESTROZARON LITERALMENTE EL ESCENARIO EN EL CONVENTION CENTER DE ASBURY PARK EN NEW JERSEY. TODO EL MUNDO SE ENFADÓ CON LA FORMA DE TOCAR DE KEITH. ¿ERAN LOS BAJONES? KEITH DECIDIÓ DEJAR EL GRUPO, PERO ESTA VEZ DE FORMA MUY DRAMÁTICA...

CARTAS DE AMOR DIRECTAS AL CORAZÓN...

KEITH Y KIM TUVIERON QUE MUDARSE DE ORMONDE TERRACE A UN PISO ENCIMA DE PEARL'S GARAGES EN HIGHGATE...

ROGER DALTREY ESTABA PERFECCIONANDO SU PUESTA EN ESCENA, Y ESTO ENCAJABA CON UNA CANCIÓN MONUMENTAL QUE PETE TOWNSHEND ACABABA DE ESCRIBIR. ESTA INQUIETANTE CANCIÓN FUE GRABADA EN NUEVA YORK, NASHVILLE Y LOS ANGELES... NECESITABA UNA LARGA CORREA, YA QUE ERA UNA OLEADA DE PELIGRO Y AGRESIVIDAD CASI SIN CONTROL...

EL POP PASÓ A SER «ROCK» EL AÑO EN QUE SGT PEPPER'S CAMBIÓ LA FORMA DE TOCAR DE LA NOCHE A LA MAÑANA Y PARA SIEMPRE...

WOKE UP ONE MORNING HALF ASLEEP...

TODO ESTO CRECIÓ CON LA INESTIMABLE AYUDA DE LAS EMISORAS DE RADIO PIRATAS COMO RADIO CAROLINE... PERO DESPUÉS DE LA PROHIBICIÓN DEL GOBIERNO DECLARANDO ESTAS EMISORAS ILEGALES, NACIÓ RADIO 1 PARA TOMAR ALGUNAS DE LAS NUEVAS ACCIONES LUCRATIVAS DEL ROCK. LA GENTE SE OLÍA MUCHO DINERO... RADIO 1 SE PUSO EN MARCHA CON «FLOWERS IN THE RAIN» DE THE MOVE EL 30 DE SEPTIEMBRE DE 1967.

CAROLINE

SOBRE THE MOVE, INTENTARON IMITAR NUESTRAS ACTUACIONES BAJO LA PRESIÓN DE SU MANAGER, TONY SECUNDA. LA AUTODESTRUCCIÓN, LA AGRESIVIDAD, LA PUESTA EN ESCENA MALHUMORADA, Y ENCIMA PODÍAN TOCAR. POR POCO TIEMPO PENSAMOS QUE ERAN VERDADEROS RIVALES. LA GENTE DECÍA QUE PODÍAN LLEGAR A DAR EL PEGO...

...YOU BETTER WATCH YOUR STEP...

THE WHO GRABARON UN ANUNCIO PARA COCA-COLA Y ESTO DIO LUGAR AL IRÓNICAMENTE TITULADO *THE WHO SELL OUT*. KEITH Y JOHN, ENTRE COPA Y COPA, COMPUSIERON PARTE DE LAS MINI-PAUSAS PUBLICITARIAS EN EL DISCO...

EL NUEVO ÁLBUM LLEGÓ A PRINCIPIOS DE 1968. POR ALGUNA RAZÓN, «I CAN SEE FOR MILES» NO TUVO TANTO ÉXITO COMO SE ESPERABA...

... QUIZÁ ES QUE SU SONIDO AMENAZANTE NO ENCAJABA CON EL AMBIENTE BEATÍFICO DE ESE AÑO...

... PERO EN EE.UU. «I CAN SEE FOR MILES» LLEGÓ AL TOP 10...

I KNOW YOU'VE DECEIVED ME, NOW HERE'S A SURPRISE...

EN LONDRES, EL SIEMPRE INVENTIVO KEITH ENCONTRÓ UNA NUEVA FORMA DE TOCAR LA BATERÍA...

DE GIRA EN AUSTRALIA, KEITH EMPEZÓ A REORGANIZAR MUEBLES Y DESHACERSE DE LOS QUE NO ERAN DE SU GUSTO EN SERIO. A STEVE MARRIOTT LE PARECÍA SUPERDIVERTIDO...

TENGO QUE DESHACERME DE ESTA MIERDA, STEVE...

EN NUEVA ZELANDA LA GIRA SE COMPLICÓ AÚN MÁS...

Above all for New Zealand

Truth
THE NATIONAL PAPER

REALMENTE NO QUEREMOS QUE VUELVAN, SON UNOS INÚTILES MALOLIENTES ALCOHÓLICOS.

DESPUÉS DE IRNOS DE NUEVA ZELANDA QUEDAMOS CON NUESTRO QUERIDO AGENTE FRANK BARSALONA EN SU APARTAMENTO DE MANHATTAN EN NUEVA YORK. ESTUVIMOS HABLANDO DEL FUTURO FINANCIERO DEL GRUPO...

CREO QUE AUSTRALIA SERÍA POTENCIALMENTE UN MARAVILLOSO LUGAR PARA INVERTIR...

EN LA CALLE 55 EN EL HOTEL GORHAM, EL MISMO DESGRACIADO DÍA EN QUE MARTIN LUTHER KING FUE ASESINADO...

... EN EL NOVENO PISO, KEITH ENCONTRÓ OTRO RUMBO RETORCIDO. LOS OTROS MIEMBROS DE THE WHO ESTABAN MENOS ENTUSIASMADOS...

FRANK BARSALONA TENÍA EL TRABAJO HECHO AQUÍ...

VENGA, KEITH, VUELVE A ENTRAR... LES DIREMOS A LOS POLIS QUE ESTÁS BAJO FUERTE MEDICACIÓN Y QUE TE HA DADO MUCHA REACCIÓN...

EL BAÑO DE LA HABITACIÓN DE HOTEL FUE DESTRUIDO ANTES DE SU EXCURSIÓN A LA CORNISA...

... TENDRÁ QUE PAGAR LOS DAÑOS DEL HOTEL, Y LA DIRECCIÓN NO QUIERE QUE VUELVA ¡NUNCA!

UNA PRESTIGIOSA SESIÓN DE FOTOS PARA LA REVISTA *LIFE* FUE CASI DESCARTADA PORQUE KEITH ESTABA MUY MOLESTO. EL GRUPO SE ENFADÓ CON ÉL, PERO TODO SIGUIÓ ADELANTE...

LE LLEGARON VOCES A KIM: LA PASIÓN DE KEITH SE PROPAGABA FUERA DE CASA. ALISON ENTWISTLE, MIENTRAS ESTABAN EN LA GIRA AMERICANA, VIO ALGUNAS COSAS QUE LE ABRIERON LOS OJOS. QUISO PROTEGER A KIM...

KIM, HAY ALGO QUE DEBERÍAS SABER...

UN ZORRO MANTUVO A LOS NIÑOS CONTENTOS, POR LO MENOS POR UN TIEMPO...

LA BOTELLA DE CHAMPÁN INCRUSTADA EN LA PARED DEL SALÓN ERA UN RECORDATORIO DE LAS PELEAS ENTRE KEITH Y KIM.

LA DIRECCIÓN CAMBIÓ DE OFICINAS A LA CALLE OLD COMPTON, EN EL SOHO PARA SER EXACTOS. A KEITH LE ENCANTABA ESTAR DE VUELTA Y LE PARECÍA NORMAL INVITAR A LOS REZAGADOS AL PISO DE HIGHGATE DESPUÉS DE SALIR POR LA NOCHE AL SPEAKEASY.

LA SUFRIDORA KIM ENCENDÍA LA TETERA PARA LOS NUMEROSOS REMOLONES...

Beeep! Beeep! Beeeeeeepp

EN 1968 AMBOS SINGLES «DOG» Y «MAGIC BUS», CON EL RITMO EN CLAVE DE BO DIDDLEY, FUERON UN CHASCO EN CUANTO A VENTAS...

JOHN Y KEITH SENTÍAN QUE THE WHO HABÍAN LLEGADO AL FINAL DE SU VIDA. ESTABAN VIENDO CÓMO SE FORMABA UN NUEVO GRUPO Y PENSABAN EN UNIRSE. INCLUSO HABÍAN PENSADO UN NOMBRE: LEAD ZEPPELIN...

EN NEWCASTLE, KEITH TUVO TIEMPO PARA PARTICIPAR EN MÁS ENTRETENIMIENTOS VISUALES.

AAAAHHH, AAAAHHHH... ¡AYUDA! ¡AYUDA! ¡ME ESTÁN ACOSANDO!

SE ESTABA GESTANDO EL PROCESO DE ESCRIBIR *TOMMY*, AÑADIENDO «PINBALL WIZARD» Y «TOMMY'S HOLIDAY CAMP» PARA ALIVIAR LO QUE SE PERCIBÍA COMO 'DEVOCIÓN ESPIRITUAL' EN LAS LETRAS DE PETE TOWNSHEND...

ACABÓ EVOLUCIONANDO EN UN ÁLBUM CONCEPTUAL AL ESTILO DE *SGT PEPPERS*, *OGDENS' NUT GONE FLAKE*, *SF SORROW* Y OTROS MUCHOS...

SE LANZÓ «PINBALL WIZARD» EN MARZO Y FUE DIRECTA AL NÚMERO CUATRO DE REINO UNIDO SIN PROBLEMAS...

EL CONJUNTO DE *TOMMY* FUE PRESENTADO COMPLETAMENTE EN EL CLUB DE JAZZ RONNIE SCOTT EN EL SOHO DE LONDRES, ESE MAYO.

ronnie scott's CLUB

JAZZ NIGHTLY

SE DICE QUE UNA ESCUCHA ATENTA REVELA TODO TIPO DE PROBLEMAS DE TEMPO CUANDO TOCA KEITH. Y NO ESTAMOS HABLANDO DE JAZZ AQUÍ...

... PERO EL ESTILO DE KEITH CUANDO TOCABA ERA EL PRECIO A PAGAR POR LA GENIALIDAD ILIMITADA: UNA FORMA ÚNICA DE ANARQUÍA RÍTMICA QUE TANTO IMPULSABA COMO INCENDIABA EL MEJOR TRABAJO DE THE WHO...

LOS PROBLEMAS DE TEMPO ERAN CONSTANTES Y DEPENDÍAN BÁSICAMENTE DEL HUMOR VOLÁTIL DE KEITH, QUE ERA IGUAL DE ERRÁTICO...

EL MURO DE SONIDO DE KEITH, ALGO ASÍ COMO UNA EXPLOSIÓN KINÉTICA AUDITIVA, DESCONOCIDO HASTA ENTONCES Y COMPLETAMENTE NO ENSEÑADO. ERA ALGO QUE NO PODÍA SER APRENDIDO: ES COMO INTENTAR DESCRIBIR UN CHOQUE DE COCHES QUE DE ALGUNA FORMA SIEMPRE DETERMINA EL TIEMPO Y EL ESPACIO...

TIENES QUE SABER LAS NORMAS PARA ROMPERLAS. KEITH NO SABÍA LAS NORMAS, PERO LAS ROMPIÓ IGUALMENTE...

¿QUÉ HACE KEITH? ES INCREÍBLE PERO NO PUEDO HACERLO FUNCIONAR POR EL AMOR DE DIOS...

EL GRUPO TOCÓ EN EL ROYAL ALBERT HALL CON CHUCK BERRY...

... TOMMY FUE DIRECTO A LA CIMA, UN TOP CINCO INSTANTÁNEO A AMBOS LADOS DEL CHARCO, UN NÚMERO UNO NADA MÁS SALIR, Y «PINBALL WIZARD» LE SIGUIÓ EN SU DESPERTAR, TAMBIÉN.

¿QUÉ PASA CON ESTE CHICO CIEGO DE TU CANCIÓN, PETE?

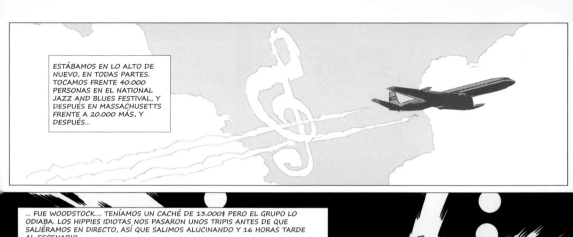

ESTÁBAMOS EN LO ALTO DE NUEVO, EN TODAS PARTES. TOCAMOS FRENTE 40.000 PERSONAS EN EL NATIONAL JAZZ AND BLUES FESTIVAL, Y DESPUÉS EN MASSACHUSETTS FRENTE A 20.000 MÁS, Y DESPUÉS...

... FUE WOODSTOCK.... TENÍAMOS UN CACHÉ DE 13.000$ PERO EL GRUPO LO ODIABA. LOS HIPPIES IDIOTAS NOS PASARON UNOS TRIPIS ANTES DE QUE SALIÉRAMOS EN DIRECTO, ASÍ QUE SALIMOS ALUCINANDO Y 16 HORAS TARDE AL ESCENARIO...

PETE TOWNSHEND ESTABA MÁS QUE FURIOSO... LE PEGÓ UNA PATADA EN EL CULO AL DON NADIE DE ABBIE HOFFMAN PARA SACARLO CUANDO ESTE INTENTÓ INVADIR EL ESCENARIO DURANTE LA ARDIENTE ACTUACIÓN DEL GRUPO...

¡PÍRATE! ¡PÍRATE! ¡ES MI MALDITO ESCENARIO!

¡HOLA! HE VENIDO A COMPRAR LOS PANTALONES DE UNA SOLA PERNERA. ¿SON PARA MÍ?

LOS ESCÁNDALOS DIARIOS SE IBAN ACUMULANDO. RUGÍAN POR PLYMOUTH, MOLESTANDO A LOS LOCALES: HACIENDO GROTESCOS ANUNCIOS PÚBLICOS POR LOS ALTAVOCES ESCONDIDOS DEL BENTLEY...

ESTOY EMPEZANDO A HARTARME DE TODA ESTA LOCURA Y DE KEITH... TENGO UNA MUJER Y UN HIJO EN CASA...

DESPUÉS HUBO LA INAUGURACIÓN DE UNA DISCO EN EL PUEBLO DE HATFIELD. POR QUÉ KEITH LO HIZO, NUNCA LO SABREMOS... KEITH ESTABA FUERA DE SU LUGAR HABITUAL AQUÍ. HABÍA EL ELEMENTO ALBOROTADOR SKINHEAD, TOTALMENTE OPUESTO A LOS ROCKEROS DE PELO LARGO. EL AMBIENTE DESPUÉS DEL DISCURSO DE APERTURA DE KEITH SE EMPEZÓ A PONER FEO...

TOCAMOS *TOMMY* ENTERO EN LA NEW YORK METROPOLITAN OPERA HOUSE. DE VUELTA EN CASA, KEITH TENÍA A KIM SUPERVISANDO EL PUB EN EL QUE HABÍA INVERTIDO, THE CROWN AND CUSHION EN CHIPPING NORTON.

FESTIVAL THE ISLE OF WIGHT, DEL 26 AL 31 DE AGOSTO DE 1970, CON THE WHO TOCANDO EL SÁBADO 29.

EL BRÍO Y EL OPTIMISMO DE LOS SESENTA SE PRECIPITABAN AL OLVIDO. JIMI HENDRIX SE AHOGÓ CON SU PROPIO VÓMITO EN LONDRES, LE SIGUIÓ JANIS JOPLIN A UNA TEMPRANA TUMBA DOS SEMANAS DESPUÉS. TODOS SE HABÍAN IDO Y SE HABÍAN UNIDO AL CLUB DE LOS 27...

JIM MORRISON DE THE DOORS TAMBIÉN IBA A UNIRSE A ESTA LISTA ESPECTRAL. IMAGINAD A THE DOORS TENIENDO QUE TELONEAR A THE WHO EN EL FESTIVAL ISLE OF WIGHT: UNA TAREA INGRATA...

TODAS ESTAS CHORRADAS QUE SE DICEN SOBRE LOS SESENTA... CREO QUE LOS ROCKEROS SOLO SE HAN CAMBIADO EL LARGO DEL PELO Y POCO MÁS.

PARECÍA QUE KEITH ESTABA LLEVANDO LA AUTODESTRUCCIÓN CADA VEZ MÁS Y MÁS LEJOS. KIM SE FUE CON MANDY DESPUÉS DE OTRA GRAN BRONCA. TODOS ESTABAN ABIERTAMENTE HERIDOS, SE DIJERON PALABRAS, SE DISCULPARON, PERO NADA CAMBIÓ...

¿IBA A VOLVER A CASA KIM? DUDOSO Y CON UN MIEDO TERRIBLE, KEITH SE MUDÓ DE NUEVO A CHELSEA. SE INVOLUCRÓ MÁS EN DISFRAZARSE PARA LA PELÍCULA DE FRANK ZAPPA, LA LOCURA DE *200 MOTELS*...

DORMIR ES DE GILIPOLLAS. ME QUEDO DESPIERTO LO QUE DURE...

LA PELÍCULA DE ZAPPA, AUNQUE FUE UN CAOS EN SU LANZAMIENTO, DIO A PETE TOWNSHEND EL ÚLTIMO EMPUJÓN PARA CREAR PELÍCULAS. ESE PROYECTO INICIAL FUE *LIFEHOUSE* NUNCA ILUMINÓ LA PANTALLA DE NINGÚN CINE, PERO DE ESTE PROYECTO ABORTADO SURGIÓ UN NUEVO DISCO DE THE WHO.

WHO'S NEXT

LIFEHOUSE FUE ABORTADO PORQUE EL CONCEPTO IBA DEMASIADO LEJOS PARA QUE LO ENTENDIERA NADIE SALVO PETE, PERO LAS CANCIONES QUE ESCRIBIÓ FUERON *WHO'S NEXT*, CO-PRODUCIDO POR GLYN JOHNS, UN LOGRO GIGANTESCO...

KEITH TOCÓ CON UN METRÓNOMO, Y ASÍ SU BATERÍA FUE CONTROLADA A UN RITMO MÁS ESTRICTO, DANDO LA FORMA DE LA MÚSICA. GLYN JOHNS INTENTÓ CONTROLAR LOS RITMOS MÁS PESADOS Y MANTENER LAS PARTES REBELDES A UNA CANTIDAD RAZONABLE...

UNA PRODUCCIÓN SUTILMENTE EQUILIBRADA FUE EL ALIADO PARA DAR FUERZA AL GRUPO CUANDO TOCABAN...

¿DÓNDE ESTÁ KIM? ODIO QUE NO VUELVA A CASA. HE OÍDO QUE ESTÁ EN ALGÚN SITIO EN EALING...

WHO'S NEXT LLEGÓ AL NÚMERO UNO EN REINO UNIDO Y AL TOP CINCO EN EEUU. «WON'T GET FOOLED AGAIN» FUE GENUINAMENTE UN INSTANTÁNEO HIMNO ROCK...

UN NUEVO GUARDAESPALDAS EMPEZÓ A CUIDAR DE KEITH EN SUS MUCHOS MOMENTOS DÍSCOLOS. ERA DOUG BUTLER Y DURANTE SEIS AÑOS FUE EL GUARDAESPALDAS DE KEITH Y SU MANO DERECHA. THE GOLDEN GOOSE ERA SU HOGAR FUERA DEL HOGAR...

SE COMPRARON, VENDIERON Y TIRARON COCHES RÁPIDOS. 1972 VIO CÓMO ENTRABA UN MONTÓN DE DINERO, PERO ERA GASTADO CON INCREÍBLE DILIGENCIA...

EL CONSUMO DE ALCOHOL CONTINUABA SU RITMO: DOS BOTELLAS DE BRANDY Y DOS BOTELLAS DE CHAMPÁN AL DÍA, POR LO MENOS, Y ENCIMA MEZCLANDO AMBAS COSAS. SE EMPEZABA PRONTO A BEBER, DE HECHO ERA LO PRIMERO POR LA MAÑANA...

LA HABILIDAD DE «TOMAR SOLO UNA» ERA COSA DEL PASADO. ERA O TODO O NADA Y PENSAR EN LA ABSTINENCIA ERA LA COSA MÁS ALEJADA DE LA MENTE DE KEITH EN ESTE MOMENTO DEL PARTIDO. A PESAR DE TODO, KEITH HABÍA SIDO INGRESADO EN UNA CLÍNICA DE WEYBRIDGE PARA «LIMPIARSE»...

DESPUÉS DE IRSE DE REHABILITACIÓN A WEYBRIDGE, KEITH CONSIGUIÓ UN PAPEL EN *THAT'LL BE THE DAY*, UNA ESPERADA PELÍCULA CON LA ESTRELLA ADOLESCENTE DAVID ESSEX Y EL COMPAÑERO DE CARRERAS DE KEITH, RINGO STARR, EN LOS PAPELES PROTAGONISTAS. FUE UN ÉXITO EN CUANTO A LA PELÍCULA Y A LAS ACTUACIONES...

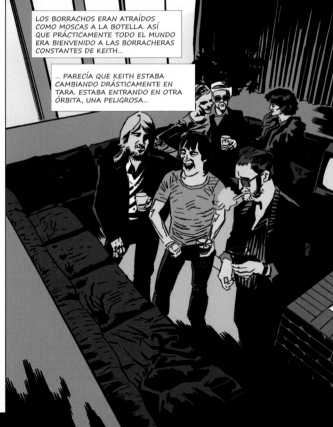

LOS BORRACHOS ERAN ATRAÍDOS COMO MOSCAS A LA BOTELLA. ASÍ QUE PRÁCTICAMENTE TODO EL MUNDO ERA BIENVENIDO A LAS BORRACHERAS CONSTANTES DE KEITH...

... PARECÍA QUE KEITH ESTABA CAMBIANDO DRÁSTICAMENTE EN TARA. ESTABA ENTRANDO EN OTRA ÓRBITA, UNA PELIGROSA...

ALENTADO POR SU DEBUT COMO ACTOR, KEITH TOMÓ EL PAPEL DEL TÍO ERNIE EN LA ACTUACIÓN DE *TOMMY* CON LA LONDON SYMPHONY ORCHESTRA EN EL TEATRO LONDON RAINBOW. *TOMMY* NO SE IBA, SEGUÍA VENDIENDO Y VENDIENDO...

LE HICIERON UN LAVADO DE ESTÓMAGO PARA EVITAR LAS CONVULSIONES POR EL ALCOHOL. KEITH TUVO UN ESPASMO CASI MORTAL DESPUÉS DE INGERIR HEROÍNA EN LA CASA DEL GUITARRISTA DE MOUNTAIN, LESLIE WEST, EN LONDRES...

ERA UNA FORMA EVIDENTE DE JUGAR A LA RULETA RUSA, CON MÁS DE UNA BALA EN LA PISTOLA, TODAS LAS VECES...

LA DECADENCIA SE HIZO AÚN MÁS DESCONTROLADA EN CUANTO LOS IDEALISTAS AÑOS SESENTA DIERON LUGAR A LOS DESMEDIDOS, EGÓLATRAS Y CONFUNDIDOS POR LAS DROGAS AÑOS SETENTA. KEITH ESTABA MÁS Y MÁS VACÍO CADA VEZ...

SIENTE LA VIDA TAN INTENSAMENTE, TAN PROFUNDAMENTE. LA GENTE NECESITA QUE ÉL ESTÉ LOCO TODO EL RATO, PERO CADA VEZ DA MÁS MIEDO MANTENER ESTE JUEGO EN MARCHA...

ESTOY ASUSTADO, SOY EL PAYASO DE TODO EL MUNDO... LAS COSAS ESTÁN MUY AGRIAS ENTRE KIM Y YO...

SU HIJA, MANDY, ESTABA TOTALMENTE CONFUSA CON TODA LA LOCURA QUE SE PONÍA EN PRÁCTICA. LE ENSEÑARON UNA FOTO DE ADOLF HITLER Y PENSÓ QUE ERA SU PADRE...

EL GRUPO EMPEZÓ A TRABAJAR EN LO QUE SERÍA *QUADROPHENIA* PARA ENTONCES, ROGER DALTREY HABÍA EMPEZADO A MIRAR LOS NÚMEROS DEL GRUPO Y HABÍA UN ENORME AGUJERO NEGRO: LAS DROGAS, EL ALCOHOL, LA VARIADA LOCURA ESTABAN CHUPÁNDOSE LA PASTA. LLAMARON A BILL CURBISHLEY PARA CONTROLAR LAS LAMENTABLES FINANZAS DEL GRUPO Y REPRESENTAR AL GRUPO DIARIAMENTE...

LAS GRIETAS EN LA RELACIÓN DIRECTIVA ENTRE LAMBERT Y STAMP ERAN CRÍTICAS. UN CHEQUE DE UN ANTICIPO SIN FONDOS DE KIT LAMBERT Y EL PARTIDO ACABABA DE EMPEZAR...

QUADROPHENIA FUE OTRO DE LOS GRANDES CONCEPTOS DE PETE, FUE VISTA COMO DEMASIADO EXAGERADA, PERO EL TIEMPO LE HA DEJADO UNA PÁTINA MUCHO MÁS AMABLE A LA HISTORIA DE JIMMY Y LA EMERGENTE GENERACIÓN MOD...

BELL BOY! I GOT TO KEEP RUNNING NOW. BELL BOY! KEEP MY LIP BUTTONED DOWN...

KEITH CANTÓ LA CANCIÓN «BELL BOY» Y ENFATIZÓ LA CRECIENTE AUTOCONSCIENCIA DEL PROTAGONISTA JIMMY CUANDO LA HISTORIA DE QUADROPHENIA LLEGABA A SU FIN.

UNA PELÍCULA SOBRE TOMMY IBA A SER DIRIGIDA POR EL CONTROVERTIDO KEN RUSSELL, CON KEITH REPITIENDO SU PAPEL COMO TÍO ERNIE. PARECÍA QUE HABÍA MUCHO POR LO QUE ESTAR ILUSIONADO...

... PERO KIM HABÍA TENIDO BASTANTE. DEJÓ TARA Y A KEITH. QUIZÁ EN EL FONDO DE SU CORAZÓN YA SE HABÍA IDO...

¡KIM! ¡KIM! ¡TIENES QUE VOLVER CONMIGO, TIENES QUE VOLVER A TARA!

AL DÍA SIGUIENTE, LOS DOS NIÑOS, DERMOTT, EL HERMANO MENOR DE KIM, Y MANDY, FUERON BRUSCAMENTE METIDOS EN UN TAXI EN DIRECCIÓN A KIM, QUE SE HOSPEDABA EN EL HOTEL RUNNYMEDE...

LAS RUTINAS DE LAVADOS DE ESTÓMAGO Y INGRESOS DE UNA NOCHE EN EL HOSPITAL CONTINUARON...

LA ANGUSTIA Y LA SOLEDAD SON INSOPORTABLES. ESTOY TOMANDO MÁS DE LA MEDICINA QUE ANHELO PERO NO SIENTO NADA EN ABSOLUTO... Y NO ESTÁN NI KIM NI DERMOTT NI MANDY...

... KIM, DESPUÉS DE RECOGER APRESURADAMENTE ALGUNAS DE SUS PERTENENCIAS, NUNCA VOLVIÓ A PISAR TARA.

... Y DE REPENTE, TAMPOCO ALF: EL PADRE DE KEITH TUVO UN INFARTO DE CAMINO AL HOSPITAL. TENÍA 53 AÑOS.

THE WHO APARECIERON EN EL COW PALACE DE SAN FRANCISCO...

... *QUADROPHENIA* ESCALÓ HASTA EL TOP 5 EN EE.UU. EL CONSUMO ERRÁTICO PERO A TOPE DE QUÍMICOS POR PARTE DE KEITH OCASIONÓ UN EPISODIO ATERRADOR EN EL CONCIERTO DE SAN FRANCISCO. KEITH SE DESMAYÓ SOBRE LA BATERÍA Y TUVIERON QUE SACARLO DEL ESCENARIO. VOLVIÓ A DESMAYARSE AL VOLVER.

DESPUÉS DE OTRO LAVADO DE ESTÓMAGO DESCUBRIMOS QUE SE HABÍA METIDO PCP, O SEA, POLVO DE ÁNGEL, JUSTO ANTES DEL CONCIERTO...

SIN ÉL NO SOMOS UN GRUPO... TENDRÉIS QUE ESPERAR...

LA COCAÍNA ESTABA EN TODAS PARTES EN ESTADOS UNIDOS... LOS CONCIERTOS CADA VEZ ERAN MÁS GRANDES Y MÁS LOCOS. EL GRUPO CONSIGUIÓ SER ARRESTADO EN MONTREAL, CANADÁ...

CREO QUE HE RESERVADO LA SUITE POR UNA NOCHE AQUÍ, AGENTE...

WHHHHIRRRRRRRRRRRRRRRRR

DURANTE LA GRABACIÓN DE *TOMMY*, OTRO FAMOSO JUERGUISTA ENTRÓ EN LA VIDA DE KEITH, UNO QUE PODÍA IGUALARLO COPA A COPA...

OLLIE REED Y KEITH MOON ESTABAN DESTINADOS A SER AMIGOS. UNIDOS POR UNA SED FEROZ Y UNA NECESIDAD DE LOCURA ARTÍSTICA, AMBOS COMBINADOS...

KEITH ME ENSEÑÓ EL CAMINO DEL BAR A LO EXTRAVAGANTE... ME ENSEÑÓ EL CAMINO A LA ABSOLUTA LOCURA...

KEITH EMPEZÓ A PERDER LA CONSCIENCIA. IBA BEBIENDO PERO SIN RECUERDOS DE LO QUE HABÍA ESTADO HACIENDO NI SIQUIERA MIENTRAS LO HACÍA.

THAT'LL BE THE DAY FUE MUY BIEN Y SE PLANIFICÓ UNA SECUELA. *STARDUST* FUE EL RESULTADO, DE NUEVO CON DAVID ESSEX EN EL PAPEL PROTAGONISTA. KEITH FRACASÓ EN SU PRUEBA PARA UN PAPEL MÁS LARGO, O POR LO MENOS SUS CEJAS LO HICIERON... KEITH BÁSICAMENTE SE ESTABA CONVIRTIENDO EN UN APESTADO. HABÍA PASADO DE BORRACHO SOCIAL A ALCOHÓLICO DESTRUCTIVO...

KEITH VOLÓ A LOS ANGELES Y ENSEGUIDA SE UNIÓ A LOS EXPATRIADOS JUERGUISTAS EXISTENTES. RINGO STARR Y JOHN LENNON ESTABAN ALLÍ, Y TAMBIÉN HARRY NILSSON Y JESSE ED DAVIS SIGUIÉNDOLOS PARA EQUILIBRAR LA LOCURA DE LOS TROVADORES TRANSATLÁNTICOS...

TODOS ESTOS HOMBRES ESTABAN EN LA CRESTA DE LA OLA, MUY ARRIBA, PERO BAJO LA SUPERFICIE HABÍA RECELO.

DOOOON'T WOOOOORREEE BABEEE...

MAL EVANS, QUIEN HABÍA SIDO EL MANAGER EN CARRETERA DE THE BEATLES, FUE ELEGIDO POR KEITH PARA PRODUCIR UNA CANCIÓN FAVORITA EN EL ESTUDIO...

LA BANDA SONORA DE *TOMMY* SE ESTABA GRABANDO MAYORMENTE SIN KEITH Y SIN SU MAGIA AL TOCAR. EL DIRECTOR KEN RUSSELL MOVIÓ EL PERIODO DE TIEMPO Y CAMBIÓ EL ÉNFASIS FÍLMICAMENTE DEL TÍO ERNIE DE KEITH AL TÍO FRANK DE OLLIE REED.

DOWN WITH THE BEDCLOTHES UP WITH THE NIGHTSHIRT! FIDDLE ABOUT FIDDLE ABOUT FIDDLE ABOUT...!

LAS BORRACHERAS Y LOS TUMULTOS CONTINUARON CON OLIVER REED COMO PILAR. LLENARON HOTELES CON JÓVENES BELLEZAS DESEOSAS DE PROBAR EL ESTILO DE VIDA DEL ROCK'N'ROLL: UNA NOCHE MÁGICA CON EL IRREFRENABLE KEITH MOON...

QUEDARSE VARADOS EN ISLE OF WIGHT MIENTRAS FILMABAN *TOMMY* NO FUE UN PROBLEMA. KEITH Y OLLIE REED SIMPLEMENTE DIERON ÓRDENES A LOS LOCALES PARA QUE LOS LLEVARAN EN BARCA DE VUELTA A LA ORILLA...

KIM... KIM...
KIM... KIM...
¿KIM...? ¿KIM...?

MAL EVANS FUE DESPEDIDO, YA QUE TANTO EL PRODUCTOR COMO EL DISCO FUERON RECIBIDOS CON PASMOSA INCREDULIDAD, INCLUSO EN ÉPOCA DE DROGAS, INCLUSO DESPUÉS DE QUE EL ÁLBUM FUERA REHECHO, REMEZCLADO Y LA VOZ DE TODAS LAS CANCIONES REGRABADA...

SOME PEOPLE CALL ME A TEENAGE IDOL...

LA GENTE ESTABA HARTA, COMPLETAMENTE QUEMADA. KEITH IBA PROGRESIVAMENTE PERDIENDO LA FUERZA. LOS SUBIDONES, EN LUGAR DE POTENCIAR SU ENERGÍA NATURAL, PARECÍAN DEBILITARLA TOTALMENTE...

KEITH SE HIZO MÁS ARISTOCRÁTICO EN EL PORTE. SE REINVENTÓ EN ESTADOS UNIDOS Y ALLÍ PARECÍAN ADORARLE. ALPERTON Y WEMBLEY PARECÍAN MUY MUY LEJOS...

PERO LOS AIRES DE GRANDEZA NO PUDIERON FRENAR EL DEFINITIVO DIVORCIO DE KIM...

OH SÍ, QUERIDO, COMPLETAMENTE, SEÑOR...

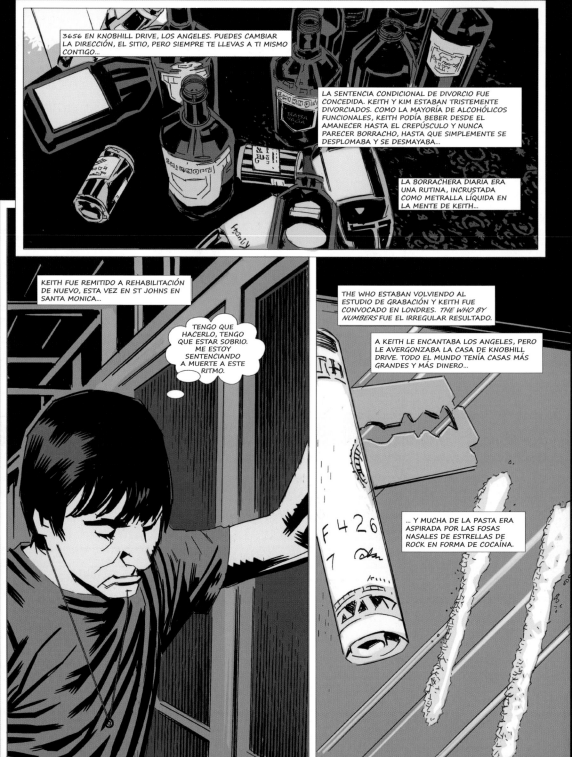

3656 EN KNOBHILL DRIVE, LOS ANGELES. PUEDES CAMBIAR LA DIRECCIÓN, EL SITIO, PERO SIEMPRE TE LLEVAS A TI MISMO CONTIGO...

LA SENTENCIA CONDICIONAL DE DIVORCIO FUE CONCEDIDA. KEITH Y KIM ESTABAN TRISTEMENTE DIVORCIADOS. COMO LA MAYORÍA DE ALCOHÓLICOS FUNCIONALES, KEITH PODÍA BEBER DESDE EL AMANECER HASTA EL CREPÚSCULO Y NUNCA PARECER BORRACHO, HASTA QUE SIMPLEMENTE SE DESPLOMABA Y SE DESMAYABA...

LA BORRACHERA DIARIA ERA UNA RUTINA, INCRUSTADA COMO METRALLA LÍQUIDA EN LA MENTE DE KEITH...

KEITH FUE REMITIDO A REHABILITACIÓN DE NUEVO, ESTA VEZ EN ST JOHNS EN SANTA MONICA...

TENGO QUE HACERLO, TENGO QUE ESTAR SOBRIO. ME ESTOY SENTENCIANDO A MUERTE A ESTE RITMO.

THE WHO ESTABAN VOLVIENDO AL ESTUDIO DE GRABACIÓN Y KEITH FUE CONVOCADO EN LONDRES. *THE WHO BY NUMBERS* FUE EL IRREGULAR RESULTADO.

A KEITH LE ENCANTABA LOS ANGELES, PERO LE AVERGONZABA LA CASA DE KNOBHILL DRIVE. TODO EL MUNDO TENÍA CASAS MÁS GRANDES Y MÁS DINERO...

... Y MUCHA DE LA PASTA ERA ASPIRADA POR LAS FOSAS NASALES DE ESTRELLAS DE ROCK EN FORMA DE COCAÍNA.

TRANCAS EN LOS ANGELES, UN NUEVO Y PRECIOSO HOGAR DE DOS PLANTAS A PRIMERA LÍNEA DE MAR PARA KEITH, QUE ENCAJABA MÁS CON SU ESTATUS DE ESTRELLA DE ROCK.

CON EL PUNK LLAMANDO A LA PUERTA DE LA YA ESTABLECIDA JERARQUÍA DEL ROCK'N'ROLL AL OTRO LADO DEL CHARCO EN REINO UNIDO, KEITH CADA VEZ SE SENTÍA MÁS AISLADO Y FRÁGIL, SI ESO ERA POSIBLE...

... INCLUSO SU VECINO EN LA CASA DE AL LADO, EL FAMOSO ACTOR DE CINE STEVE MCQUEEN, NO QUERÍA CONOCERLO...

AUTODESTRUCCIÓN A TODA MÁQUINA DIARIAMENTE, PERO EN EL FONDO DE SUS OJOS SOLO HABÍA UN MIEDO ABRUMADOR. ERA IMPOSIBLE MANTENERLO A RAYA...

KEITH VOLVIÓ AL REINO UNIDO. ESTAR EN LA PLAYA EN TRANCAS FUE UN DESASTRE: ESTABA SOLO, ABURRIDO Y A MENUDO SIN PASTA...

NO PUEDO TOCAR LA BATERÍA SIN ALCOHOL. DADME EL PUTO BRANDY Y PODRÉ TOCAR... CREO... NO QUIERO RECONOCERLO... NO QUIERO RECONOCER QUE TENGO UN PROBLEMA...

WHO ARE YOU... OOO OOO, OOO OOO...

EN EL ESTUDIO, GRABANDO EL ÁLBUM *WHO ARE YOU*, KEITH SE RECUPERÓ DE NUEVO...

VOY A IRME DE VACACIONES CON ANNETTE, HARÉ LAS PACES CON MANDY Y DERMOTT, TODO IRÁ BIEN...

DESPUÉS DE UNA PAUSA RELATIVAMENTE IDÍLICA, KEITH VOLVIÓ CON ANNETTE AL PISO DE NILSSON EN CURZON PLACE, LONDRES...

TODO VA A IR BIEN AHORA QUE EL DR. DIAMOND VA A DARME UN TRATAMIENTO CON HEMINEVRIN PARA AYUDARME CON EL SÍNDROME DE ABSTINENCIA DEL ALCOHOL... ESTA VEZ VOY A PARAR, PARA SIEMPRE.

KEITH PARÓ, ESTA VEZ PARA SIEMPRE.

¿PODÍA KEITH HABERLO CONSEGUIDO? LAS POSIBILIDADES
SON MENOS QUE LA MEDIA, CON SOLO UN PEQUEÑO
PORCENTAJE DE ALCOHÓLICOS Y ADICTOS QUE MANTIENEN
SU ABSTINENCIA Y VIVEN VIDAS LIBRES DE ADICCIONES.

¿ESTABA KEITH EN UN PUNTO EN EL QUE
REALMENTE QUERÍA PARAR? NUNCA LO
SABREMOS...

EL HOMBRE TOMA UNA BEBIDA...
Y LA BEBIDA TOMA UNA BEBIDA...
Y LA BEBIDA TOMA AL HOMBRE...

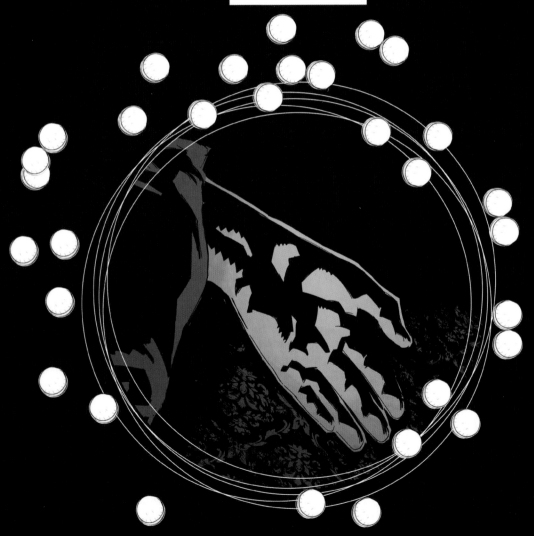

EL ALCOHÓLICO ES REBELDE HASTA EL FINAL. EL EGO DEMOLEDOR NECESARIO PARA PINCHAR LA PARED DE ESTA ILUSIÓN ES DIFÍCIL. ¿A QUIÉN LE IMPORTA ADMITIR UNA COMPLETA DERROTA?

EL ALCOHOL ES EL GRAN NIVELADOR. ES LA BANCARROTA QUE NADA NI NADIE PUEDE SOPORTAR: NI EL DINERO, NI EL SEXO, NI EL PODER, NI EL ÉXITO...

QUIZÁ KEITH TUVO UN ACCIDENTE FATÍDICO: LAS PASTILLAS SE MEZCLARON CATASTRÓFICAMENTE CON LA BEBIDA...

... PERO MUY POCOS LO LOGRAN, EL PRECIO ES ALTÍSIMO. DA QUE PENSAR.

FUISTE QUERIDO, KEITH, AUNQUE NO LO SUPIERAS NI LO SINTIERAS. REALMENTE FUISTE... QUERIDO...

GALERÍA

DIBUJANDO A UN JOVEN KEITH

¡UN RETO! CON MUY POCAS REFERENCIAS
Y MATERIAL DISPONIBLE, TUVE QUE
IMPROVISAR. ERA CUESTIÓN DE DIBUJARLO
DESDE UNA REFERENCIA DE ÉL DE ADULTO,
Y CORTARLE LA MANDÍBULA. DESPUÉS, QUE
ME PERDONE, LE HICE UNA RINOPLASTIA
PARA DARLE AL JOVEN KEITH ESE «ASPECTO
ANIÑADO».

DIBUJANDO BATERÍAS

A RIESGO DE SONAR COMO ALGÚN TIPO DE SÁDICO, EN REALIDAD DISFRUTÉ MUCHO DIBUJÁNDOLAS (MUY PRÁCTICO PARA UN CÓMIC SOBRE EL MÁS FAMOSO BATERÍA DEL MUNDO). CUANTO MENOS ME PREOCUPABA POR LOS PEQUEÑOS DETALLES MECÁNICOS, MEJOR ERA EL RESULTADO. CREO QUE REALMENTE NO VEMOS EL MUNDO CON MUCHOS DETALLES, ESTAMOS DEMASIADO OCUPADOS, Y ASÍ LO DIBUJÉ.

GALERÍA

I UNA PÁGINA PARA DISFRUTAR

ME GUSTA LA SIMPLICIDAD AQUÍ, COMO TODO PARECE ENVUELTO EN NEGRO Y ESO LE DA PESO. DE NUEVO, TRATA DE TENER BASTANTE DETALLE PERO NO DEMASIADO PARA QUE EL OJO SE CENTRE DEMASIADO EN ÉL. EL LECTOR TIENE QUE SALTAR FÁCILMENTE DE UNA VIÑETA A OTRA... ¡¡Y PUDE DIBUJAR A JIMI HENDRIX!!

¡IMPACTO Y ÉNFASIS!

JIM ME PIDIÓ QUE DIBUJARA UNA EXPLOSIÓN EN LA CABEZA DE KEITH EN
ESTA PÁGINA. OBVIAMENTE NO ES ALGO QUE PUEDA ESCONDERSE EN UN RINCÓN.
ENTONCES AQUÍ, YA QUE TENEMOS UNA SEGUNDA VIÑETA BASTANTE IMPORTANTE
(¡CON LA APARICIÓN DEL MÍTICO CHUCK BERRY!), ERA CUESTIÓN DE INTENTAR
DARLE A TODO EL ÉNFASIS NECESARIO... CON TRES VIÑETAS NO SECUENCIALES...
Y DEJAR ESPACIO PARA LAS LETRAS... ¿NO OS DOY PENA?

Jim McCarthy

La carrera profesional de Jim McCarthy en el mundo editorial empezó con *2000AD* y su trabajo en *Bad Company, Bix Barton, The Grudgefather, Kyd Cyborg* y *Judge Dredd*.

También se ha sumergido en los tipos de música y cultura americana, resultando en *Voices of Latin Rock,* que fue publicado por Hal Leonard. Es el primer libro que examina a Santana, la cultura del rock latino y el Mission District, el área donde emergió esta incipiente forma de arte político y musical. Este es uno de los radicales puntos de nacimiento de la música, arte y la cultura hispánicas.

Voices of Latin Rock llevó a una serie de conciertos en San Francisco que promovían la concienciación sobre el autismo en los que aparecieron Carlos Santana, Booker T, Los Lobos, Sly Stone, George Clinton, El Chicano, Malo, Taj Mahal y The Doobie Brothers, entre otros.

Jim también participa produciendo acertadas novelas gráficas contemporáneas, relacionadas con temas musicales. La más reciente ha sido *Living for Kicks: a Mods Graphic Novel.* Otras biografías gráficas han tratado Metallica, The Ramones, The Sex Pistols, Kurt Cobain, Michael Jackon, Tupac Shakur, Eminem y Bob Marley.
«Puedes hacer lo que quieras dentro de una novela gráfica. Puedes ser muy cinematográfico y mostrar las cosas de una forma que no podrías en una biografía tradicional, y quizá ni siquiera en una película. Puedes abordarlo desde diferentes ángulos, diferentes tiempos, diferentes puntos de vista. Puedes usar símbolos visuales para hacer un montón de comentarios en una única viñeta. Cuando se trata de documentales televisivos, parece que siempre siguen el mismo camino. Yo intento enfocar cada uno de una forma distinta.»

Jim McCarthy

www.jimmccarthy.co.uk

MARC Olivent

Marc Olivent es un ilustrador autónomo residente en Lincoln. Está especializado en la ilustración de libros de cómic, una pasión que desarrolló de joven leyendo (y releyendo, y releyendo...) los cómics de Marvel creados por Stan Lee en los setenta y los ochenta. Desde joven, Marc supo exactamente hacia dónde quería llegar (aunque tardó un poco más en hacerlo de lo que había previsto).

Nunca dejó de leer cómics y estudio técnicas de narrativa visual empleadas por los maestros del oficio. Tiene muchas influencias, pero su estilo es solo suyo (¡sea eso bueno o malo!).

Su anterior trabajo incluye la tira de Dark Horse Presents "Sundown Crossroads", "Rick Fury" y "Zezi" para Rok Comics, y *Dark Satanic Mills* para Walker Books, donde trabajó con el legendario ilustrador de cómics John Higgins (*Watchmen*, *Judge Dredd*). *Dark Satanic Mills* fue nominado al premio Kate Greenaway de ilustración de 2015.

Este es su segundo libro para Omnibus Press, después de *La novela gráfica de Guns N' Roses*.

www.marcolivent.wix.com

LA NOVELA GRÁFICA DEL ROCK

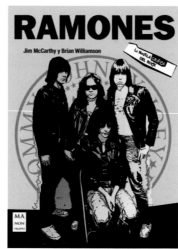

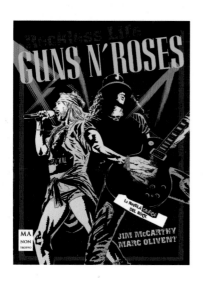

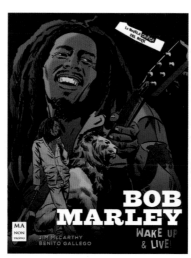